# NEUE KREATIVE WOHNIDEEN

freundin

HEIDI GRUND-THORPE
KATHARINA CHRISTIANSEN

# Neue kreative Wohnideen

- Wände verschönern
- Möbel aufpeppen
- Fenster dekorieren
- Lampen bauen

FALKEN

Im FALKEN Verlag sind weiterhin u. a.
folgende erfolgreiche freundin-Bücher erschienen:
4889 Kreative Wohnideen
4743 Farbberatung für die Wohnung
7320 Beauty Ideen
7359 300 neue Frisuren
7358 Schön in der Schwangerschaft
4825 Feste feiern

Dieses Buch wurde auf chlorfrei gebleichtem
und säurefreiem Papier gedruckt.

Der Text dieses Buches entspricht den Regeln
der neuen deutschen Rechtschreibung.

ISBN 3 8068 7389 5



**Konzeption und Produktion:** Edda Küffner,
Stellvertretende Chefredakteurin freundin-Bücher
**Redaktion:** Edda Küffner/freundin-Bücher
Regine Gamm/FALKEN Verlag
**Gestaltung:** Rudi Gill, München. Mitarbeit:
Michaela Graml, Eva Lexa, DTP-Operating: Franz Pagel
**Herstellung:** Harald Kraft/FALKEN Verlag



**DTP + Satz:** GRG, München
**Lithografie:** Lithotronic Creative Repro GmbH,
Frankfurt am Main
**Druck:** Westermann Druck Zwickau GmbH

817 2635 4453 6271

**Fotonachweis**
Uwe Bick (Fotos), Manfred Heidt (Produktion):
Haupttitel (S. 2/3), Seite 9/10, 11/12, 13/14, 16/17, 18/19, 21/22, 23/24, 25/26, 28/29, 32/33, 36, 42, 48/49, 53, 55, 57, 62, 66, 68, 78/79, 94/95, 99, 101, 102/103, 106/107, 108, 111/112, 120, Umschlagfoto (hinten, 2)
Uwe Bick (Fotos), Claudia Mareth (Produktion):
Seite 13, 20, 74, 75/76, 109, 116/117, 123
Bosch Seite 50
Sebastian F.B. Dietrich: Umschlagfoto (vorne), Seite 8/9, 11/12, 13/14, 34, 41, 47, 58, 60, 63/64, 65, 66/67, 75, 85/86, 89, 96
Konstantin Eulenburg / Picture Press: Seite 89
R. Frick / DAS HAUS: Seite 1
Frank Goral: Seite 64, 66, 96
Hajo Heye: Seite 34/35, 47, 77, 98
ICI/ Dulux: Seite 9, 10, 11, 14, 30/31, 37/38, 44/45, 54, Umschlagfoto (hinten,1)
Matteo Manduzio: Seite 14, 15, 40, 46/47, 61, 104, 114/115, 121
Thomas von Salomon: Seite 10, 59, 104/105, 119
Bodo Schlechtweg: Seite 14, 43
Manfred Spachmann: Seite: 11, 56, 84, 87, 97, 99, 105, 118
Hajo Willig/ Picture Press: Seite 88

*Auch Frauen greifen heute lieber zum Malerpinsel als zur Stricknadel. Der Trend, es sich zu Hause – im doppelten Sinn – so schön wie möglich zu machen, hält an. Und es geht dabei weniger ums Geldsparen, sondern viel mehr um den Spaß am Kreativsein. Um die Freude, die es macht, mal nicht nur mit dem Kopf, sondern auch mit den Händen etwas zu schaffen und in wenigen Stunden ein deutlich sichtbares Erfolgserlebnis zu haben. Lassen Sie sich auf dieses Vergnügen ein, auch wenn Sie handwerklich nicht sonderlich geübt sind. Wir haben uns bemüht, nicht nur Ideen zusammenzutragen, die der Mühe wert sind, sondern auch die Arbeitsanleitungen so zu gestalten, dass man sie als Laie umsetzen kann. Vor allem, wenn man zu zweit rangeht, dürfte das keine größeren Probleme machen. Wo doch, besteht immer noch die Möglichkeit die ausgewählte „Wohn-Idee" von einem Profi realisieren zu lassen. Auch so nutzen Sie das Buch. Auch so sorgt es für frischen ästhetischen Wind in Ihren vier Wänden.*

Edda Küffner
*freundin*-Bücher

**Halten Sie ein paar Wände frei –** *es lohnt sich!* **Seite 16/17**

**Keine Angst –** *diese Fresken kommen vom Kopierer* **Seite 28/29**

**Wären Sie vielleicht** *lieber Maler/in geworden?* **Seite 40/41**

**Für diese Säulen** *brauchen Sie keinen Heiligen* **Seite 56/57**

**Stau-Warnung zu Hause?** *Damit ist es jetzt vorbei* **Seite 84/85**

**Ein solches Licht** *ist Ihnen noch nie aufgegangen* **Seite 114/115**

# LEBHAFT & KRÄFTIG

**FARBKONZEPT 1:**
**Klare, leuchtende Farben stehen knallhart nebeneinander. Zum Dämpfen und Trennen sind Schwarz und kühles Weiß geeignet. Weiche Farben wie warmes Beige, Cremeweiß oder gemütliche Erdtöne wirken in solcher Umgebung als Fremdkörper. Glänzendes Chrom ist das richtige Metall. FARBKONZEPT 1 passt zu jungen, dynamischen Typen, die für Experimente offen sind – und bleiben.**

Bevor Sie anfangen Wände zu streichen, Möbel frisch zu lackieren und neue Vorhänge vors Fenster zu hängen, brauchen Sie ein Farbkonzept. Das heißt: Die Farben, die Sie wählen, sollten aufgrund bestimmter Gemeinsamkeiten zusammenpassen und eine klare Farbstimmung erzeugen. Denn Farbwahl ist nie nur Geschmackssache. Sie spiegelt auch Persönlichkeit und Temperament. Passt sie zum Typ, ist das die beste Garantie, dass man sich in seinen vier Wänden wohl fühlt.

# *Farbkonzepte*

# HEITER & FREUNDLICH

WANDFARBEN

HÖLZER

LACKE

**FARBKONZEPT 2:**
Die Farbpalette erinnert an Frühlingsblumen, zartes Grün und Sonnenschein. Schwarz und Kalkweiß passen hier nicht, Cremeweiß umso besser. Auch lichtes Grau mit einem Stich in warmes Blau oder Grün sorgt bei Bedarf für optische Ruhe im lebhaften Farbenspiel. Wichtig ist, dass auch Hölzer und Metalle nicht aus dem Farbrahmen fallen. Alles vermeiden, was streng und kühl wirkt. Helle, warme Hölzer von Erle, Birke, Kiefer und Kirschbaum harmonieren am besten; beim Metall sind es Messingtöne.

**FARBKONZEPT 2** passt zum fröhlich-optimistischen Typ. Und macht auch kleine, düstere Wohnungen hell und heiter.

# WARM & WOHNLICH

**FARBKONZEPT 3:**
Dies ist die Palette der warmen, gemütlichen Farben. Braun, Rost und Beige, Sand- und Erdtöne in hellen und dunklen Nuancen erzeugen eine Stimmung der Geborgenheit. Wichtig ist, dass alle Farben einen Stich ins Weiche, Warme haben. Das gilt auch für Grün- und Blautöne, auf die man als „Störer“ nicht verzichten sollte, weil zu viel Harmonie langweilig wirkt. Hölzer, die sich der wohligen Stimmung am besten anpassen, sind Pinie, Kirschbaum und Ulme, Ahorn und Apfel. Bei den Metallen sind es nicht glänzender Chrom und cooler Stahl, sondern warmes Kupfer und Messing. **FARBKONZEPT 3** macht Menschen glücklich, die es gern gemütlich haben und manchmal eine kuschelige Höhle brauchen, in der sie niemand stören kann.

HÖLZER

WANDFARBEN

LACKE

# COOL & KLASSISCH

WANDFARBEN

**FARBKONZEPT 4:**
Cool heißt nicht unbedingt kalt, sondern meint auch still, ruhig, gedämpft. Sanfte Blau- und Graunuancen dominieren, aufgehellt von viel Weiß, das aber nie in die cremegelbe, sondern immer in die blaue und graue Richtung spielt. Auch Beige- und Gelbtöne muten nicht warm an, sondern eher kühl. Trotzdem liegt über dem Ganzen eine freundlich-sanfte Stimmung, die ein Gefühl der Gelassenheit vermittelt. Hölzer, die sich hier harmonisch einfügen, sind Ahorn hell und natur, Esche und – sparsam dosiert – auch Ebenholz. Silber und gebürsteter Stahl sind die richtigen Metalle. **FARBKONZEPT 4** passt zu Menschen, die eine beruhigende Atmosphäre suchen, in der sie entspannen können ohne sich von der Welt abgeschlossen zu fühlen.

HÖLZER

LACKE

Eridania
ZUCCHERO
Linde's

# Schablonen-Malerei

Gemalte Blätter und Bordüren, poetische, bizarre oder einfach dekorative Motive verzaubern Räume wie kein anderer Wandschmuck. Wer sich die Mühe macht eine Schablone anzufertigen, bringt solche Kunstwerke auch selbst zu Stande.

**LORBEERBÄUMCHEN.** (Bild links außen). Vor der leuchtend gelb gestrichenen Wand kommen die südländischen Gewächse im Tontopf besonders reizvoll zur Geltung. *Anleitung Seite 24.*

**OLIVENRANKE.** Deko-Idee für eine Wand mit Fenster und farbig abgesetztem Sockel. Die Ranke windet sich anmutig entlang der Farbkante und um das Fenster herum. Blätter und Oliven werden in verschiedenen Grüntönen ausgestupft (oben). *Anleitung Seite 24/25.*

## TOSKANA-LOOK

# SCHLOSS-AMBIENTE MIT

**GOLD-FRIESE.** Damit die Sterne himmlisch funkeln, werden sie mit Schlagmetall belegt. Das klingt komplizierter, als es ist. *Anleitung Seite 25.*

**WAPPEN-MOTIVE.** Die dunkelrote Wand, geschmückt mit goldenen Lilien, Greifvögeln und aufgehenden Sonnen, schafft im Arbeitszimmer eine gepflegt-behagliche Stimmung. *Anleitung Seite 25.*

# GOLD-MOTIVEN

**GOLDFRIESE.** Goldene Kronen auf leuchtend roter Wand setzen im Flur stilvolle Akzente (oben). Goldene Rauten auf blauem Grund sind die passende Ergänzung zu Vorhang und Bezügen aus Brokatstoff (links außen). **SPIRAL-MOTIV.** Ganz einfach zu machen sind die Spiralsonnen auf grünem Grund (links). *Alle Anleitungen Seite 25.*

, KINDLEIN, SCHLAF, DER VATER HÜT DIE SCHAF, DI
DER LADEN

# IMMER AN DER WAND LANG: FRIESE

**HOBBYKELLER.** Ein Blätterfries auf grüner Wand, Fliesen im Schachbrettmuster und ein zarter Vorhang machen den Arbeitsraum im Keller wohnlicher. *Anleitung Seite 26.*

**SAUNARAUM** (unten). Hübsche Wand-Deko fürs Bad oder den Vorraum zur Heimsauna: die gemalte Paneele mit Wellenfries in heiterem Blau. *Anleitung Seite 26.*

**KINDERZIMMER** (links). Hoch oben unter der Decke ist ein bekanntes Schlummerlied zu lesen. Für die Buchstaben gibt es fertige Schablonen. *Anleitung Seite 26.*

**HERBSTLAUB.** Anstelle von Schablonen wurden hier frische Blätter von verschiedenen Laubbäumen verwendet. Ist leichter zu machen, als es aussieht. *Anleitung Seite 26.*

# POP-ART MACHT LAUNE

**MATISSE-MOTIVE.** Am dekorativsten auf knallgelber Wand. Und zu Möbeln im Fünfziger-Jahre-Stil. Das Blatt wird schabloniert (links), die übrigen Motive schafft man frei Hand. *Anleitung Seite 27.*

**ETHNO-LOOK.** Über der rostroten Paneele bellt ein Hund einen blauen Kaktus an. Echte Kakteen runden das malerische Afro-Image ab. *Anleitung Seite 27.*

**POP-ART** (rechts). Kläffende Köter, aber auch freundliche Symbole wie Sonne, Mond und Herz begrüßen die Gäste im Flur. *Anleitung Seite 27.*

## SO MACHT MAN EINE SCHABLONE

MATERIAL: *Zum Ausschneiden des Schablonenmotivs: fester Karton oder Schablonenfolie. Zum Aufkleben des Motivs: lösbarer Sprühkleber oder Malerkrepp. Zum Ausfüllen und Fixieren: Dispersionsfarben. Zum Härten der Schablonenkanten farbloser Sprühlack.*

WERKZEUG: *Cutter oder Skalpell und eine Schneideunterlage (Schreibwarenladen, Grafikbedarf) zum Ausschneiden des Motivs, Stupfpinsel in verschiedenen Stärken zum Ausfüllen.*

**1. Motiv übertragen**

Die Vorlage mit dem Kopierer auf das gewünschte Format vergrößern. Die Kopie mit Sprühkleber auf dem Karton oder der Schablonenfolie fixieren (Abb. 1).

**2. Schablone schneiden**

Das Schablonen-Motiv auf der Schneideunterlage mit Cutter oder Skalpell herausschneiden, danach die Kopie abziehen. Den Karton entlang der Motivkonturen mit farblosem Sprühlack von beiden Seiten einsprühen, damit die Kanten durch die Farbe nicht aufweichen (Abb. 2).

**3. Motive ausstupfen**

Die Schablone auf den Untergrund auflegen und mithilfe des Stupfpinsels mit Farbe ausstupfen (Abb. 3).

## ▶ LORBEERBÄUMCHEN

**von Seite 16**

MATERIAL: *Siehe Info-Kasten links. Außerdem: dünner Karton, Malerkrepp, Dispersionsfarbe in Sonnengelb, Dunkelgrün, hellem Schilfgrün, Braun und Weiß, Bleistift.*

WERKZEUG: *Siehe Info-Kasten links. Außerdem: langes Lineal*

**1. Wand streichen**

Die Wand vom Boden bis zur Decke mit sonnengelber Dispersionsfarbe streichen. Vollständig trocknen lassen.

**2. Topf und Stamm malen**

Den Topf ca. 30 cm hoch und 25 cm breit auf Karton aufzeichnen, mit dem Cutter entlang der Kontur ausschneiden. Die Schablone rechts und links von einer Tür mit Malerkrepp an der Wand fixieren und die Konturen mit Bleistift nachziehen. Den Topf braun ausmalen. Den Stamm aus der Mitte des Topfes herauswachsen lassen. Die Umrisse (ca. 3 cm breit, ca. 110 cm hoch) mit Lineal und Bleistift skizzieren.

**3. Baumkrone schablonieren**

Zwei verschieden große Blätter von der Ranken-Vorlage rechts oben abnehmen und Schablonen herstellen. (Siehe Info-Kasten links). Große und kleine Blätter im Wechsel oberhalb des Stammendes kreisförmig, aber leicht versetzt so anordnen, dass sich eine natürlich wirkende, kugelförmige Baumkrone ergibt. Zuerst Blätter mit Dunkelgrün, darüber Blätter mit hellem Schilfgrün ausstupfen – das macht die Kugel schön plastisch.

## ▶ OLIVENRANKE

**von Seite 17**

MATERIAL: *Siehe Info-Kasten links. Außerdem: Malerkrepp, Dispersionsfarbe in Terrakottabraun, Gelborange, Dunkelgrau, Dunkelgrün, Schilfgrün und Weiß.*

WERKZEUG: *Siehe Info-Kasten links. Außerdem: Wasserwaage, Messlatte, Bleistift.*

**1. Wand streichen**

Mit der Wasserwaage in ca. 80 – 100 cm Höhe rundum im Zimmer eine waagrechte Linie markieren. Entlang dieser Linie Malerkrepp aufkleben. Über der Linie die Wand gelborange streichen (Abb. 1). Nach dem Trocknen den Malerkrepp abziehen. Malerkrepp bün-dig mit der farbigen Kante aufkleben und die untere Wandhälfte terrakottabraun streichen (Abb. 2).

**2. Ranken-Fries schablonieren**

Eine S-förmige Ranken-Schablone nach der oben rechts abgebildeten Vorlage herstellen. Die Schablone mit ca. 20 cm Abstand zum Boden anlegen. Ausstupfen (Abb. 3), neu anlegen (Abb. 4) und so weitermachen, bis eine Girlande entlang der ganzen Wand fertig ist (Abb. 5). Die Blätter im Wechsel mit den beiden Grüntönen, die Oliven mit

**Wand mit Olivenranke, step by step. Näheres siehe Text links.**

Schablonen-Vorlage für die Olivenranke. Auf dem Kopierer vergrößern.

Dunkelgrau ausstupfen. Ab und zu auf ein helles Blatt ein weißes Highlight in die noch nasse Farbe setzen. Die zweite Ranke über die Trennlinie zwischen der terrakottafarbenen und der gelborangen Wandhälfte führen. Beim Umrahmen des Fensters die Ecken zunächst frei lassen und erst zum Schluss mit einzelnen Blättern passend ausfüllen.

## ▶ GOLD-FRIESE

**von Seite 18/19**

MATERIAL: *Siehe Info-Kasten links. Außerdem: Anlegemittel, Schlagmetall (Abb. 1), Bleistift.*

WERKZEUG: *Siehe Info-Kasten links. Außerdem: Wasserwaage.*

**1. Wand streichen**

Kräftige Farben wählen! Die Rauten und die goldenen Sterne funkeln auf sattem Blau am schönsten, die goldenen Kronen machen auf Purpurrot besonders viel Effekt.

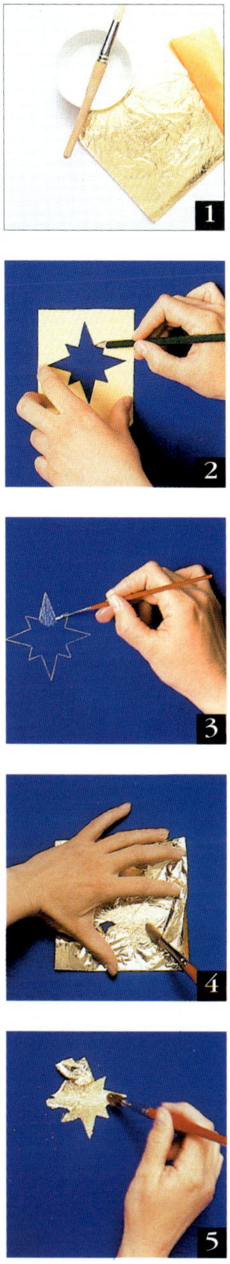

**Goldfries mit Stern-Motiv, step by step. Näheres siehe Text unten.**

Stimmungsvoller Untergrund für die Spiralen: sattes Grün.

**2. Goldfries schablonieren**

Für die Schablonen mit Stern und Krone die Vorlagen links unten verwenden, für die Raute einfach ein Quadrat zeichnen und auf den Kopf stellen. Damit der Fries gerade wird, mithilfe der Wasserwaage den Verlauf quer über die Wand markieren. Auch die Abstände zwischen den Motiven ausmessen und markieren. Die Schablone anlegen und die Kontur mit Bleistift aufzeichnen (Abb. 2). Das Motiv mit Anlegemittel ausmalen (Abb. 3). Warten, bis das Anlegemittel fast berührtrocken ist. Schlagmetall mit der Fingerkuppe aufnehmen, auf das Motiv tupfen und mit einem weichen Pinsel andrücken (Abb. 4). Das überstehende Metall entlang der Kanten vorsichtig abpinseln (Abb. 5).

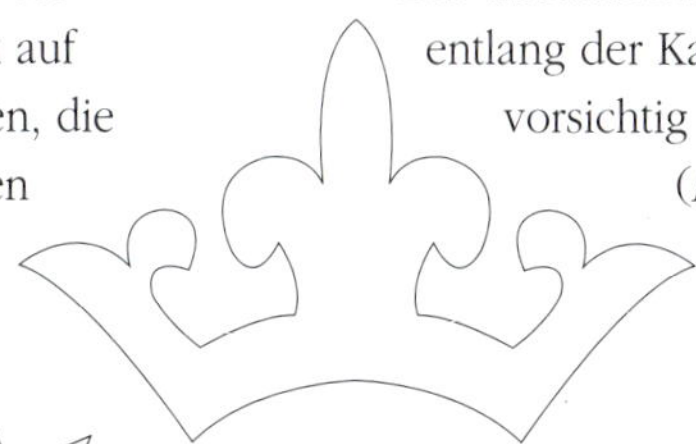

**Schablonen-Vorlagen für den Sternenfries S.18 und den Fries mit der goldenen Krone von S.19. Auf dem Kopierer vergrößern.**

## ▶ WAPPEN-MOTIVE

**von Seite 18**

MATERIAL: *Siehe Info-Kasten Seite 24. Außerdem: Goldfarbe (Bastel- oder Malerbedarf) – Dispersionsfarbe in Terrakotta und Ockergelb.*

WERKZEUG: *Siehe Info-Kasten Seite 24. Außerdem: Malerbürste oder Badeschwamm.*

**1. Wand streichen**

Die Wand zuerst ganz normal mit der Rolle terrakottabraun streichen und trocknen lassen. Dann mit Schwamm oder Bürste verdünnte ockergelbe Farbe aufwischen.

**2. Schablonieren**

Nach den Vorlagen auf dieser Seite (Wappentier, Lilie, Sonne) Schablonen herstellen (siehe auch Info-Kasten Seite 24), in lockerem Wechsel, aber möglichst gleichem Abstand anlegen und mit Goldfarbe ausstupfen.

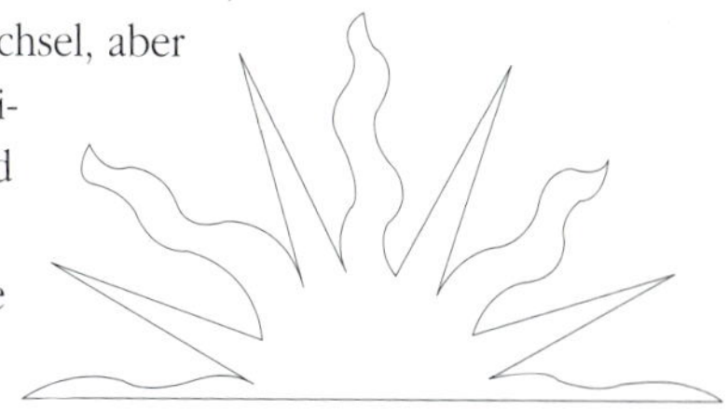

**Schablonen-Vorlagen für die Wand mit den Wappen-Motiven S. 18. Auf dem Kopierer vergrößern.**

## ▶ SPIRAL-MOTIV

**von Seite 19**

MATERIAL: *Anlegemittel, Schlagmetall.*

WERKZEUG: *Rundpinsel, Bleistift.*

Das Spiral-Motiv nach Belieben verteilt und frei Hand mit Bleistift auf die Wand zeichnen. Mit dem Rundpinsel und Anlegemittel nachmalen und wie beim Fries mit Schlagmetall belegen.

**Schablonen-Vorlage für das Blätterfries S. 21. Auf dem Kopierer vergrößern.**

## ▶ KINDER-ZIMMER von Seite 20

MATERIAL: *Siehe Info-Kasten Seite 24. Außerdem: Dispersionsfarbe in verschiedenen Pastelltönen für die Buchstaben und in Blauviolett für die Wand, Schrift-Schablone für das ganze Abc (Bastelladen oder Grafikerbedarf), Malerkrepp, Lappen.*

WERKZEUG: *Siehe Info-Kasten Seite 24. Außerdem: Malerbürste, Wasserwaage.*

**1. Wand streichen**

In Höhe des oberen Fenstersturzes mit der Wasserwaage rundum im Zimmer eine waagerechte Linie markieren. Die Linie nach oben hin mit Kreppband abkleben. Die Wand darunter mit stark verdünnter, veilchenblauer Dispersionsfarbe und der Malerbürste streichen, dabei spiralförmige Bewegungen ausführen. Zu viel Farbe mit einem Tuch wieder abwischen – so entsteht der Lasier-Effekt.

**2. Buchstabenfries schablonieren**

Über dem Kreppband mithilfe einer Schriftschablone den Text eines Kinderliedes aufstupfen. Die Farben so wählen, dass sie zur Einrichtung des Kinderzimmers passen.

## ▶ HOBBY-KELLER von Seite 21

MATERIAL: *Siehe Info-Kasten Seite 24. Außerdem: Dispersionsfarbe in hellem Olivgrün und Rostbraun, Lappen.*

WERKZEUG: *Siehe Info-Kasten Seite 24. Außerdem: Wasserwaage, Malerbürste.*

**1. Wand streichen**

Die Wand mit hell-olivfarbener Dispersionsfarbe in Lasier-Technik (siehe Buchstabenfries) streichen. Den Verlauf der Bordüre zwischen Türsturz und Decke mithilfe der Wasserwaage festlegen, auch die Abstände der Blätter markieren.

**2. Blattfries schablonieren**

Die Blatt-Schablone nach der Vorlage (oben) anfertigen, anlegen und in Rostbraun ausstupfen.

## ▶ SAUNA-RAUM von Seite 21

MATERIAL: *Siehe Info-Kasten Seite 24. Außerdem: blaue und weiße Dispersionsfarbe, Malerkrepp.*

WERKZEUG: *Siehe Info-Kasten Seite 24. Außerdem: Farbrolle, Wasserwaage.*

**1. Wand streichen**

Die Wand zuerst weiß streichen. Nach dem Trocknen in ca. 80 cm Höhe mit der Wasserwaage eine rundumlaufende Linie markieren. Über dieser Linie Kreppband aufkleben. Unterhalb des Kreppbandes die Wand blau streichen.

**Schablonen-Vorlage für die Wellen-Bordüre S. 21. Vergrößern und aneinander setzen.**

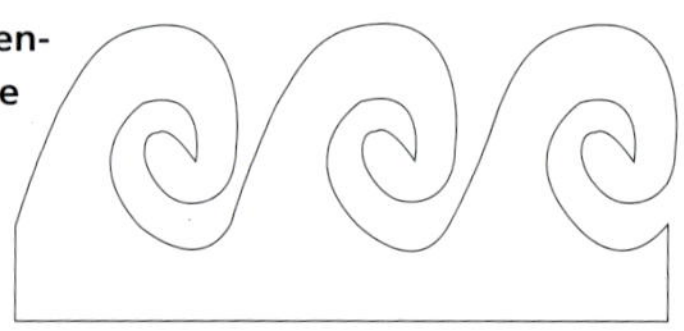

**2. Wellenfries schablonieren**

Eine Wellen-Schablone nach der Vorlage oben anfertigen. Direkt über dem Kreppband die Unterkante der Schablone anlegen und fortlaufend in Blau ausstupfen.

## ▶ HERBSTLAUB von Seite 21

MATERIAL: *Siehe Info-Kasten Seite 24. Außerdem: lösbarer Sprühkleber, Malerkrepp, Dispersionsfarbe in Rotbraun und Weiß. Statt herkömmlicher Schablone: ausgesucht schöne Blätter von vier verschiedenen Laubbäumen. Besonders dekorativ: Ahorn.*

**Auch frisch gepflückte Blätter lassen sich als Schablone verwenden!**

WERKZEUG: *Siehe Info-Kasten Seite 24. Außerdem: Gummiwalze, Wasserwaage, Farbrolle.*

**1. Blätter präparieren**

Die Blätter müssen frisch sein, sonst krümeln Sie beim Übermalen mit der Rolle. Bis zur Anwendung zwischen zwei Lagen Seidenpapier legen und mit Büchern beschweren, damit sie ganz flach werden.

**2. Wand streichen**

Die ganze Wand weiß streichen. In ca. 75 und ca. 95 cm Höhe mithilfe der Wasserwaage jeweils eine waagerechte Linie markieren und mit Malerkrepp abkleben. Zwischen den Klebestreifen die Wand rotbraun streichen und trocknen lassen.

**3. Blätter-Bordüre anbringen**

Die Blätter auf der Rückseite mit Kleber besprühen (Abb. 1). Mit der klebrigen Seite in gleicher Höhe auf die Wand drücken und mit der Gummiwalze überrollen (Abb. 2). Für den rostbraunen Streifen entlang der oberen Markierung einen Kreppstreifen kleben. Über diesen Kreppstreifen und die Blätter vorsichtig weiße Farbe rollen (Abb. 3). Den Farbauftrag so lange wiederholen, bis das Rotbraun vollständig abgedeckt ist und zwischen Weiß und Weiß kein Unterschied mehr zu sehen ist. Die Blätter und das Malerkrepp abziehen, solange sie noch leicht feucht sind (Abb. 4). Wenn nötig, die Blattkonturen mit einem feinen Pinsel ausbessern (Abb. 5).

## ▶MATISSE-MOTIVE

**von Seite 22 und Seite 23**

MATERIAL: *Siehe Info-Kasten Seite 24. Außerdem: Dispersionsfarbe in Gelb, Orange, Grün, Blau und Violett, Malerkrepp, Lappen.*
WERKZEUG: *Siehe Info-Kasten Seite 24. Außerdem: Farbrolle, Flachpinsel.*

**1. Wand streichen**

Die Wand in Gelb deckend streichen und trocknen lassen. Möbel aufstellen.

**2. Schablonieren**

Verschiedene Schablonen nach den Mustern auf dieser Seite anfertigen (siehe Info-Kasten Seite 24) und locker über die Wand verteilt mit Farbe ausmalen. Dazwischen Sterne und Schneckenmotive bzw. „Strahlen" um alle Motive berücksichtigen.

**Schablonen-Vorlagen zum Vergrößern für die Pop-Art-Motive Stern ...**

**... Hund und Mond**

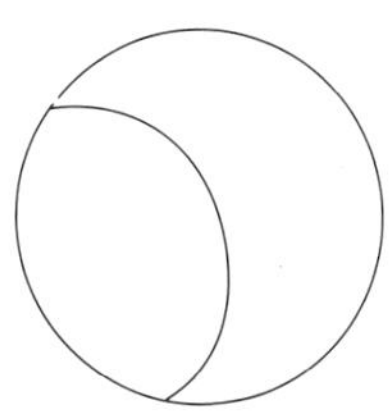

**... Monster und Herz**

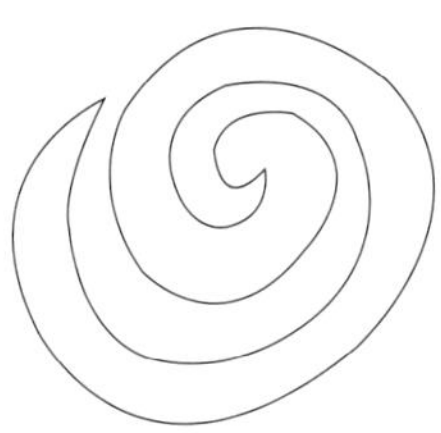

**Schablonen-Vorlage für die Matisse-Motive Spirale, ...**

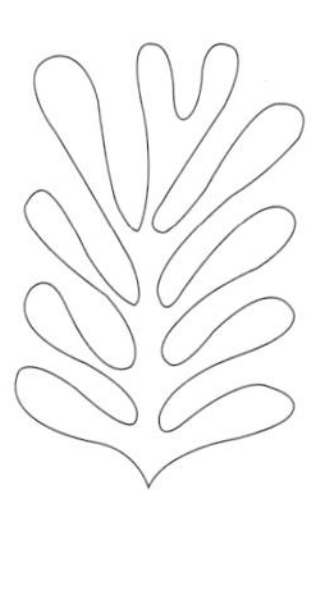

**... Welle und Blatt. Auf dem Kopierer vergrößern.**

## ▶ ETHNO-LOOK

**von Seite 22**

MATERIAL: *Siehe Info-Kasten Seite 24. Außerdem: blaue, gelbe und rotbraune Dispersionsfarbe, Malerkrepp, Bleistift.*
WERKZEUG: *Siehe Info-Kasten Seite 24. Außerdem: Farbrolle, Wasserwaage.*

**1. Wand streichen**

In etwa 1 m Höhe mithilfe der Wasserwaage eine waagerechte Linie markieren. Mit Malerkrepp abkleben, die Wand darüber gelb, darunter rotbraun streichen. Malerkrepp abziehen und beidseitig des entstandenen Streifens erneut Malerkrepp aufkleben. Diesen Streifen mit Blau ausmalen.

**2. Schablonieren**

Schablonen anfertigen nach den Mustern auf dieser Seite (siehe Info-Kasten Seite 24). Über dem blauen Streifen an die Wand anlegen, den Hund rostbraun, Kaktus und Rauten blau ausstupfen.

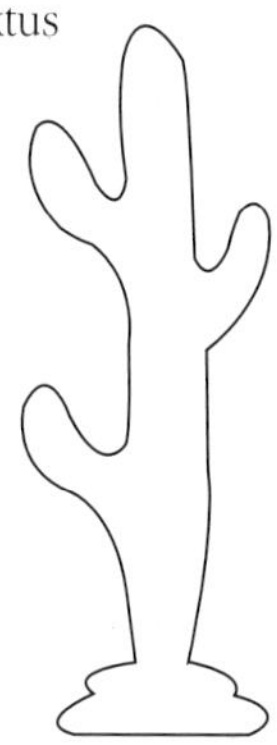

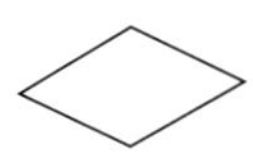

**Schablonen-Vorlage für den Ethnofries S. 22. Auf dem Kopierer vergrößern.**

# Trend-Wände

Wände kann man einfach tapezieren oder streichen. Man kann sie aber auch buchstäblich zu Hinguckern gestalten. Zum Beispiel mit Wandbildern, die wie Fresken wirken. Mit Glitzerpartikeln auf satten Farben. Oder mit Wischeffekten, die an die verblasste Pracht antiker Villen erinnern.

**AL FRESCO II.** Wie Reste einer antiken Wandbemalung wirkt die Folge auseinander gerissener und in Resten wieder zusammengesetzter Bildmotive. *Anleitung Seite 36.*

**AL FRESCO I** (links). Aus dem Kunstband kopiert und vergrößert: die berühmte Venus von Botticelli. Gerissene Ränder und farbig gestrichener Rauputz verstärken den Antik-Effekt. *Anleitung Seite 36.*

## WUNDERSCHÖNE WANDBILDER

# WÄNDE IM LUXUS-LOOK

**KONFETTI-DEKO.** Millionen glitzernder Farbplättchen sorgen für den geheimnisvollen Glitzerlook. Schön für kleine, intime Räume; am schönsten auf dunkelfarbigem Grund. *Anleitung Seite 37.*

**WISCH-TECHNIK.** Auf strukturierten Tapeten kommt der Hell-Dunkel-Effekt besonders gut zur Geltung. Gewischt wird mit einem Spezialschwamm. *Anleitung Seite 37.*

**WICKELTECHNIK.** Ideal für Wände, die nicht ganz eintönig, aber auch nicht unruhig wirken sollen. Mit einem Effektroller geht's wie geschmiert. *Anleitung Seite 37.*

# PANEELE: DEKORATIV & PRAKTISCH

**GEWÖLKT.** Die Farbe wird mit dem Effektschwamm aufgetragen. Den Abschluss bildet ein schmales, weiß gestrichenes Bord für Deko-Utensilien. *Anleitung Seite 38.*

**GEZIMMERT.** Schön stabil ist diese Wandverkleidung aus Spanplatten. Die breite Ablage bietet viel Platz für Praktisches und Dekoratives. *Anleitung Seite 38.*

**MIT ZIERLEISTEN.** Eine Handbreit über Tischhöhe stoßen zwei lebhaft kontrastierende Farben aufeinander. Die untere Farbfläche rahmen lackierte Zierleisten in der Farbe des Tisches – das verstärkt den Paneel-Effekt. *Anleitung Seite 39.*

# TAPETEN MARKE EIGENBAU

**AUFGENAGELT.**
Schön bedruckte Deckel von Weinkisten aus aller Welt verbinden sich zu einer attraktiven Wandverkleidung in Paneelhöhe.
*Anleitung Seite 39.*

**AUTOGRAMME.**
Eine sehr persönliche Wandgestaltung: wenn sich Freunde und Fans auf einer knallbunt gestrichenen Wand mit Foto und Unterschrift verewigen dürfen!

**COMIC-TAPETE.**
Ein Sammelsurium von Comic-Seiten, dicht an dicht auf die Wand geklebt, belebt nüchterne Räume wie Wartezimmer oder Flur, lädt zum Schmökern und Schmunzeln ein.
*Anleitung Seite 39.*

Werkausgab

Am schönsten sieht das Fresko auf einer farbig gewischten Wand aus.

Kopien an den Ansatzstellen mit dem Messer schneiden, Außenkanten reißen.

## ► AL FRESCO 1+2

**von Seite 28**

MATERIAL: *Dispersionsfarbe in Weiß, Gelb, Ocker und Rot, Farbkopien von Kunstdrucken (Copy-Shop), Tapetenkleister.*
WERKZEUG: *Cutter, Lineal, Schneideunterlage, Kleisterpinsel, Schwamm, Farbrolle, Tapezierbürste.*

**1. Wand streichen**

Die Wand weiß streichen und gut trocknen lassen. Die Dispersionsfarben mit Wasser stark verdünnen und mit dem Kleisterpinsel in großzügigen Pinselschwüngen auftragen (Abb.1), dabei alle drei Farbtöne nass in nass ineinander malen. Überschüssige Farbe mit dem Schwamm wieder abnehmen, so kann das Ergebnis immer wieder korrigiert werden. Die Farbe über Nacht trocknen lassen.

**2. Farbkopien aufkleben**

Vorlagen aus Poster- oder Kunstbüchern (Leihbücherei), aber auch von Postkarten im Kopierladen vergrößern lassen. Motive, die größer sind als A3 an den Stoßkanten mit Cutter und Lineal schneiden und zusammensetzen (Abb. 2). Die Außenkanten freihand reißen, so entsteht der Eindruck eines antiken Fragments. Die Kopien auf der Rückseite mit Tapetenkleister bestreichen und kurze Zeit einweichen lassen. Dann auf die Wand kleben und mit einer Bürste andrücken. (Abb. 3). Nach dem Trocknen mit dem Schwamm über die Ränder verdünnte Dispersionsfarbe in Gelb oder Ocker tupfen.

Mit Kleister ankleben, Kanten mit einer Bürste gut andrücken.

**Deko-Farbplättchen, in 14 verschiedenen Farben (Abb.1) erhältlich, einfach in das Basis-Gel streuen (Abb. 2) und verrühren. Dann mit der Farbrolle über der Grundfarbe auftragen (Abb. 3).**

## ▶ KONFETTI-DEKO

**von Seite 30**

MATERIAL: *Dispersionsfarbe, weiß oder farbig (besonders effektvoll ist Dunkelblau), 2 Tüten Farbplättchen, 1 Eimer Basis-Gel für Farbplättchen (Baumarkt).*

WERKZEUG: *Farbroller, Pinsel, Rührholz.*

**1. Wand streichen**

Eine verputzte oder mit Raufaser tapezierte Wand in der gewünschten Grundfarbe oder in Weiß streichen (die Farbplättchen kommen stärker auf abgetönten Untergründen zur Wirkung). Über Nacht trocknen lassen.

**2. Farbplättchen aufmalen**

Pro Eimer Basis-Gel zwei Tüten Farbplättchen mit einem Rührholz von Hand untermischen (Vorsicht, kein elektrisches Gerät verwenden, da die Farbplättchen zerschlagen würden).

Das Gel mit dem Farbroller auf die Wand auftragen. Das milchige Gel trocknet farblos auf, sodass später nur die Farbplättchen sichtbar sind. Auf Stellen, die zu wenig Plättchen abbekommen haben, nachträglich mit dem Pinsel eine zweite Schicht auftragen. Nach dem Trocknen ist kein Ansatz sichtbar.

## ▶ WISCHTECHNIK

**von Seite 30**

MATERIAL: *Dispersionsfarbe in zwei oder mehr Farben, Strukturtapete, Tapetenkleister.*

WERKZEUG: *Farbrolle, Effektschwamm (Baumarkt), Tapezierwerkzeug (Bürste, Schere, Gummirolle, Messer).*

**1. Wand tapezieren**

Die Wände mit Strukturtapete tapezieren (der Wischeffekt gelingt aber auch auf einer Wand mit Rau- oder Effektputz). Nach dem Trocknen die Wand entweder mit weißer oder mit farbiger Dispersionsfarbe streichen.

**Klappt am besten mit einem speziellen Effekt-Schwamm: die Wischtechnik.**

**2. Farbe aufwischen**

Die Dispersionsfarbe in eine flache Schale gießen. Den Effektschwamm leicht anfeuchten und mit der Unterseite in die Farbe tauchen. Überschuss abstreifen. Die Farbe in schwungvollen Bewegungen auftragen. Den Farbauftrag mit der gleichen oder mit einer zweiten (oder auch dritten und vierten Farbe) wiederholen, je nach gewünschtem Effekt.

## ▶ WICKELTECHNIK

**von Seite 31**

MATERIAL: *Weiße und farbige Dispersionsfarbe.*

WERKZEUG: *Farbrolle, Effektroller (Baumarkt).*

**1. Wand vorbereiten**

Die Wand mit weißer Dispersionsfarbe und der normalen Farbrolle deckend vorstreichen (natürlich ist auch ein farblich abgestimmter Untergrund möglich). Über Nacht trocknen lassen.

**Auch für die Wickeltechnik gibt's ein Spezialwerkzeug, das alles einfacher macht: den Effektroller.**

**2. Wickeleffekt aufrollen**

Die farbige Dispersionsfarbe leicht mit Wasser verdünnt per Farbrolle gleichmäßig aufbringen. Solange die Farbe noch feucht ist, mit dem Effektroller ohne Druck (und ohne Farbe) über die Oberfläche in verschiedene Richtungen rollen. Dabei wird Farbe abgenommen und es entsteht der Wickeleffekt. Zwischendurch immer wieder überschüssige Farbe vom Effektroller auf Pappe oder einem Lappen abrollen.

## ▶ GEWÖLKT

**von Seite 32**

MATERIAL: *Dispersionsfarbe in Weiß und Orange, Acryllack in Weiß, 25 mm dicke und 20 cm breite MDF-Platte in der Länge der Wand (im Baumarkt zusägen lassen), rechtwinkelige Zierleiste in Wandlänge (Baumarkt), Stuhlwinkel, Dübel und Schrauben, Holzschrauben, Holzkitt, Schleifpapier, Malerkrepp, Bleistift.*

WERKZEUG: *Farbrolle, Schwamm, Lackpinsel oder Schaumstoffrolle, Bohrmaschine, Schraubendreher, Spachtel, Wasserwaage, Maßstab.*

**1. Wand grundieren**

Die ganze Wand deckend weiß streichen. Über Nacht gut trocknen lassen.

**2. Ablage montieren**

Mit der Wasserwaage an der Wand in 100 bis 120 cm Höhe eine waagerechte Linie markieren. Unterhalb der Linie mit ca. 60 cm Abstand zueinander Stuhlwinkel andübeln. Die MDF-Platte auf die Stuhlwinkel legen und mit Holzschrauben fixieren. Die Zierleiste unter dem Brett an die Wand über die Stuhlwinkel mit ca. 100 cm Abstand zueinander dübeln. Die Schraublöcher mit Holzkitt füllen und nach dem Trocknen glatt schleifen. Ablagebrett und Zierleiste mit weißem Acryllack streichen.

**3. Paneel wischen**

Die Unterkante der Zierleiste mit Klebeband abkleben. Schwamm in die Farbe tauchen und auf den unteren Teil der Wand (=Paneel) aufwischen wie unter „Wischtechnik" auf S. 37 beschrieben.

**Das Paneel wird gewischt – am besten mit einem Effekt-Schwamm.**

## ▶ GEZIMMERT

**von Seite 33**

MATERIAL: *19 mm dicke Spanplatte, jeweils 100 cm und 20 cm breit; in der Länge der Wand (im Baumarkt zusägen lassen), 2 Vierkanthölzer, 3 x 3 x 100 cm, weiße Fußbodenleiste in Wandlänge (Baumarkt), Dispersionsfarbe in Terrakottabraun, weißer Acryllack, Raufasertapete, Tapetenkleister, Dübel und Schrauben, Holzschrauben, Holzkitt, Schleifpapier, Malerkrepp.*

WERKZEUG: *Farbrolle, Kleisterbürste, Tapezierbürste, Wasserwaage, Bohrmaschine und Bohrer, Schraubendreher, Maßstab.*

**1. Wand grundieren**

Die Wand deckend weiß streichen. Über Nacht gut trocknen lassen.

**2. Paneel montieren**

Mit 11 cm Abstand zu den Ecken an den seitlichen Wänden die Vierkantleisten andübeln. Auf den Vierkantleisten die 100 cm hohe Spanplatte mit Holzschrauben von vorne befestigen. Das Ablagebrett auflegen und mit Holzschrauben von oben in der Paneelwand fixieren. Alle Schraublöcher mit Holzkitt zuspachteln und nach dem Trocknen glatt schleifen. Die Paneelwand mit Raufasertapete tapezieren.

**3. Paneel und Ablage streichen**

Das Ablagebrett mit weißem Acryllack streichen. Nach dem Trocknen die Unterseite mit Klebeband abkleben. Die Paneelwand mit terrakottafarbener Dispersion deckend rollen. Als unteren Abschluß eine weiße Bodenleiste aufschrauben.

## ▶ MIT ZIERLEISTEN

**von Seite 33**

MATERIAL: *Ca. 4 cm breite Zierleiste aus Holz in der Länge des Zimmers, Fußbodenleiste in gleicher Länge, Dispersionsfarbe in Maisgelb und Lachsrot, Acryllack in Creme und Mintgrün, kleine Schrauben und Dübel, Bleistift, Malerkrepp.*

WERKZEUG: *Wasserwaage, Maßstab, Bohrmaschine, Schraubendreher, Farbrolle, schmaler Lackpinsel.*

**1. Wand streichen**

In 90 cm Höhe an der Wand eine rundum laufende waagerechte Linie markieren. Oberhalb dieser Markierung die Wand gelb, unterhalb lachsrot streichen. Über Nacht trocknen lassen.

**2. Leisten streichen**

Die Zier- und Fußleiste cremefarben lackieren. Nach dem Trocknen das mittlere Zierstück beidseitig abkleben und mit mintgrünem Acryllack streichen. Leisten über der Bleistiftmarkierung an der Wand und am Wandende andübeln.

## ▶ AUFGENAGELT

**von Seite 34**

MATERIAL: *Weinkisten aus Holz (Weinhandlung), 13 mm dicke Spanplatte in der Größe der gesamten Vertäfelung, dünne Stahlnägel, 3 je 10 x 6 cm große Vierkanthölzer in Höhe der Vertäfelung, 2 x 15 cm großes Fichtenholzbrett in der Länge der Vertäfelung, 6 Stuhlwinkel, Holzschrauben, Dübel und Schrauben.*

WERKZEUG: *Hammer, Zange, Bohrer und Bohrmaschine, Stichsäge.*

**1. Vertäfelung vorbereiten**

Die Kisten so zerlegen, dass die Seiten mit den Weinnamen ganz erhalten bleiben, dabei den Hammer und die Zange zur Hilfe nehmen. Die Kistenteile auf der Spanplatte auslegen und mit Stahlnägeln fixieren, eventuelle Überstände an den Rändern mit der Stichsäge absägen.

**2. Vertäfelung befestigen**

An den 10 cm breiten Seiten der Vierkanthölzer je zwei Stuhlwinkel mit 10 cm Abstand zu den Enden bündig anschrauben. Vierkanthölzer so vor die Wand stellen, dass sie später die Vertäfelung an den Seiten abschließen, das dritte steht in der Mitte. Hölzer an der Wand festdübeln. Die Vertäfelung auf den Hölzern festschrauben. Das Fichtenholzbrett auflegen und mit den Holzschrauben fixieren.

## ▶ COMIC-TAPETE

**von Seite 35**

MATERIAL: *Alte Comic-Hefte (oder Farbkopien von Comics), Tapetenkleister.*

WERKZEUG: *Kleisterbürste, Tapezierbürste, Lineal, Cutter.*

**1. Comics zuschneiden**

Die Comics mit Lineal und Cutter aus den Heften herausschneiden. Sollen die Hefte nicht zerstört werden, Farbkopien von den einzelnen Seiten im Copy-Shop machen lassen (wird sehr teuer!).

**2. Wand tapezieren**

Die einzelnen Seiten auf der Rückseite mit Kleister bestreichen und an der Wand links oben beginnend nach unten leicht überlappend aufkleben, dabei zum Andrücken die Tapezierbürste benützen. An der Unterkante das überstehende Papier mit Lineal und Cutter abschneiden. Den Klebevorgang in Reihen solange wiederholen, bis die ganze Wand tapeziert ist.

# VORSICHT, FRISCH LACKIERT!

**KUNTERBUNT.** Bepinselt mit Lack in verschiedenen leuchtenden Farben erwacht der ausgediente Gartentisch zu neuem Glanz. Falls passende Stühle da sind: gleich mitstreichen! *Anleitung Seite 50.*

**SAMMELSURIUM.** Alles vom Trödel. Und alles frisch lackiert. Wetten, dass es das originellste Wohnzimmer weit und breit ist? *Anleitung Seite 50/51.*

Ausgediente Tische, eine Kollektion verblasster Stühle oder das alte Buffet aus dem Hobbykeller des Nachbarn – Flohmarktfans, Sperrmüllkramer und Trödelsammler machen daraus Einrichtungsstücke, die es in keinem Laden zu kaufen gibt. Und brauchen dazu nicht viel mehr als ein paar Dosen Farbe!

*Alte*

# Möbel aufpeppen

# DIE FARBE MACHT'S

**ZWEIFARBIG.** Apfelgrüner und lila Lack verwandeln das alte Buffet in ein poppiges Möbel zum Aufbewahren von Sammlerstücken und Küchenkram. *Anleitung Seite 51.*

**GARTENTISCH.** Die rustikale Tischplatte ist aus sägerauen Brettern gezimmert und maigrün gestrichen. Damit die Maserung schön zur Geltung kommt, wird nach dem Trocknen leicht geschliffen. *Anleitung Seite 51/52.*

# NEUE TECHNIK: MASERIEREN

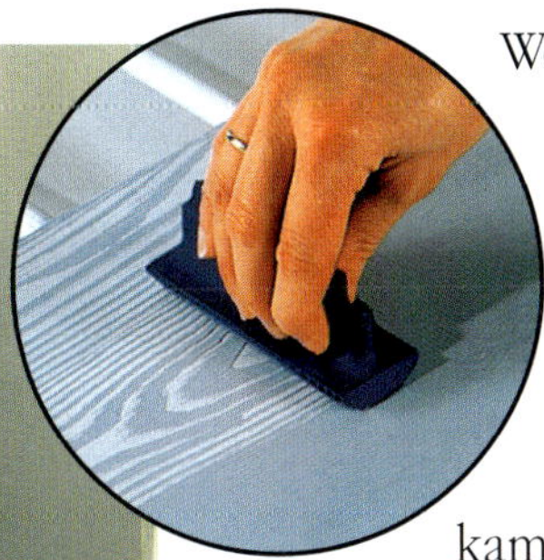

Wenn sich Spanplatten plötzlich mit raffinierter Holzmaserung präsentieren, dann geht das durchaus mit rechten (und ziemlich neuen) Dingen zu: einer Spezialfarbe und einem kammartigen Maserierwerkzeug.

**BAD-PANEEL** (links). Alles getrickst! Die Maserung auf der Holzwand hinter den Waschbecken ist nur aufgemalt – mit einem Spezialwerkzeug. *Anleitung Seite 52 und Info-Kasten „Maserieren" Seite 54.*

**KINDERBETT.** Ob vom Speicher oder aus dem Möbelmarkt: Ein schlichtes hölzernes Kinderbettchen verwandelt sich mit pastellfarbener Maserung in ein Designerstück aus eigener Werkstatt.

Meine schönen, rotwangigen Träume
OIKOS

# EDEL-LOOK IN WEISSLASUR

Wieder total in: die alte Methode, Holz mit verdünnter Farbe zu lasieren. Dabei bekommt das Möbel einen frischen Anstrich, behält aber den Charme einer Antiquität.

**NÜTZLICH.** Das Bord trägt Badezimmer-Utensilien und hält Handtücher. Damit die Lasur in feuchter Badezimmerluft nicht aufweicht, wird sie mit Transparentlack imprägniert. *Anleitung und Info „Lasieren" Seite 53.*

**VERSCHNÖRKELT.** Das Tablett aus schlichten Holzleisten hat als Rand einen neubarocken Bilderrahmen. Die Lasur ist leicht angeschliffen, das macht den Antik-Look perfekt. *Anleitung Seite 54.*

**KONSOLE** (links). Was tun mit einem schön verschnörkelten Stück eisernen Gartenzauns? Eine Konsole drumherum bauen und weiß lasieren! *Anleitung Seite 53.*

**WASCHTISCH** (rechts). Die Rohre muss ein Fachmann legen, den Rest können Sie selbst machen – inklusive Lasieren und Imprägnieren. *Anleitung Seite 53.*

DER GROSSE HERDER
Belinda CARLISLE
TIERE SORGEN VOR
Tropische Vögel
INDIEN
Neuer Brehm · Säugetiere 4
Herder

# DIE KUNST DES MARMORIERENS

**BISTROTISCH.** Die (Span-)Platte ist nach allen Regeln der Kunst marmoriert, die Tischbeine stammen vom Heimwerkermarkt. *Anleitung Seite 55.*

**REGAL MIT GIEBEL.** Marmorierte Giebel, Blenden und Sockel verwandeln ein ausgedientes Regal in ein Möbel im Art-déco-Stil. *Anleitung Seite 54.*

Die Raumausstatter des Barock waren Meister im Malen von falschem Marmor. Heute ist die Technik wieder ganz aktuell.

## SCHLEIFEN – SO GEHT'S LEICHTER!

Farbe abbeizen mit Bürste und Gel, Oberflächen glätten per Schleifklotz und Schleifpapier – all das ist mühsam, zeitaufwändig und manchmal sogar gesundheitsschädlich. Mit einem elektrischen Schleifgerät tut man sich da wesentlich leichter. Und wenn das Streichen, Lackieren und Renovieren zu einem echten Hobby werden soll, lohnt sich die Anschaffung unbedingt. Die Frage ist nur: Welches Gerät ist das richtige? Die Auswahl ist groß. Fachhändler beraten selbstverständlich. Trotzdem ist es gut, sich eine kleine Checkliste zu machen und beim Kauf auf folgende Punkte zu achten: Wie schwer ist das Gerät? Wird es mich auch dann nicht ermüden, wenn ich längere Zeit damit arbeite? (Es gibt Geräte zwischen ca. 1 und 3,5 kg.) Liegt das Gerät gut in der Hand? Kann auch eine kleine Hand den Griff mühelos umfassen? Ist der Griff rutschfest? (Ausprobieren!) Ist das Gerät ergonomisch durchdacht, das heißt: Ist es so gebaut, dass Arme und Hände auch bei komplizierteren Arbeiten nicht verkrampfen? Lassen sich die verschiedenen Schleif-Aufsätze schnell und problemlos wechseln? Hat das Gerät ein leistungsstarkes Absaugsystem für den abgeschliffenen Holz-, Farb- und Metallstaub? (Demonstrieren lassen!) Ganz wichtig ist es, sich vorher klarzumachen, wozu das Gerät hauptsächlich gebraucht wird: für große oder für kleine Flächen? Zum Entfernen dicker Lackschichten, für Grobschliff, Feinschliff, zum Polieren? Für Holz-, Metall- oder Kunststoffuntergründe? Ein Standardgerät, das für alles gleich gut geeignet ist, gibt es nämlich nicht. Dafür umso leistungsstärkere Spezialisten.

**Sind dicke Farbschichten abzutragen? Auf Kunststoff, Holz oder Metall? Spezialisten unter den Schleifgeräten schaffen das problemlos auch an Ecken und Kanten.**

## ▶ KUNTERBUNT

**von Seite 40**

MATERIAL: *Alter Garten-Klapptisch mit separaten Latten anstelle einer Tischplatte (schön, wenn auch passende Klappstühle vorhanden sind). Acryllack in Pink, Sonnengelb, Royalblau und Orange, farbloser Mattlack, 120er Schleifpapier, Kreppklebeband, Metallgrundierung, Abbeiz-Gel.*

WERKZEUG: *Flachpinsel, Schleifklotz, Drahtbürste, Spachtel.*

**1. Alten Anstrich entfernen**

Brüchigen Lack am Metallgestell mit einem elektrischen Schleifgerät oder einer Drahtbürste beseitigen. Anschließend die Metallgrundierung auftragen und 12 Stunden trocknen lassen. Den Lack auf den Holzleisten mit einer Spachtel abkratzen. Noch besser hält der neue Anstrich, wenn der alte Lack mit Abbeiz-Gel entfernt wird. Anschließend mit Schleifpapier glätten.

**2. Metall und Holz lackieren**

Das Gestell türkisfarben streichen, die Holzlatten mit den übrigen Farben im Wechsel. Die Intensität der Farben wird durch einen zweiten Farbauftrag gesteigert. Abschließend alle lackierten Holzoberflächen mit Klarlack streichen.

## ▶ SAMMELSURIUM

**von Seite 40/41**

MATERIAL: *Wohnzimmermöbel von Sperrmüll oder Flohmarkt, z. B. Stühle in verschiedenen Formen, Tisch, Vitrine, Wandschank, Servierwagen etc. Acryllack in Apricot, Flieder, Türkis und Weiß, 120er Schleifpapier, Malerkrepp, Metall-Grundierung, Abbeiz-Gel, Schrauben, Holzleim, Holzkitt.*

WERKZEUG: *Flachpinsel, Schleifklotz, Drahtbürste, Spachtel, Stichsäge.*

## LACKIEREN LEICHT GEMACHT

▶ Zuerst die Kanten streichen, dann die Flächen. Den Lack dabei nicht zu dick auftragen. Zuerst senkrecht, dann in waagerechten Bahnen nachstreichen.

▶ Immer nass in nass arbeiten – größere Flächen deshalb in kleineren Abschnitten streichen.

▶ Soll die Farbe kräftig werden, ein zweites Mal Farbe auftragen.

▶ Ist die Lackoberfläche nach dem ersten Streichen noch rau, mit feinem Schleifpapier leicht anschleifen, den Schleifstaub entfernen und noch einmal lackieren.

▶ Bei Lasuren immer in Richtung der Holzmaserung streichen.

▶ Gute Pinsel verwenden. Generell eignen sich für Anstriche – ob deckend oder lasierend – Flachpinsel. Für größere Flächen sind 10 cm Pinselbreite richtig, ansonsten genügen 3 bis 5 cm. Qualitativ am besten: Pinsel aus echten Borsten.

▶ Pinsel gut und richtig reinigen! Bei Lacken auf Wasserbasis genügt Säubern mit Wasser. Dann den Pinsel mit einem alten Lappen trocknen und mit den Borsten nach oben in einem Glas oder flach liegend aufbewahren. Bei lösungsmittelhaltigen Lacken den Pinsel mit Terpentinersatz oder Pinselreiniger säubern. Mit Malerkrepp umwickeln, damit er die Form nicht verliert.

▶ Für größere Flächen statt Pinsel eine Lackwalze aus Schaumstoff verwenden. Die kleinen Bläschen, die beim Auftragen des Lackes an der Oberfläche sichtbar werden, einfach – ohne Lack – überrollen.

**1. Vorbereitung**

Die Möbelstücke abbürsten, abbeizen und abschleifen wie links unter „Kunterbunt" beschrieben.

**2. Metall und Holz lackieren**

Die Holzmöbel mit Acryllack zweimal streichen, Metallteile (von Servierwagen und Leuchter) ebenfalls.

**3. Extra-Info zu den abgebildeten Möbeln**

STÜHLE: *Die Form ist verschieden, der Anstrich gleich. Hussen und Kissen in lebhaftem, aber einheitlichem Muster sorgen für Abwechslung und Bequemlichkeit.*

SCHRANK: *Aus den Schranktüren wurde die Füllung herausgesägt und durch Lochblech ersetzt, das auf der Innenseite mit Schrauben befestigt ist.*

TISCH: *Vor dem Streichen wurde eine Wellenkante aus dünner Pressspanplatte angebracht. Die Wellen sind mit der Stichsäge ausgesägt, rundum aufgeklebt und zusätzlich mit Holzschrauben fixiert. Holzkitt füllt die Schraublöcher und wurde nach dem Trocknen glatt geschliffen.*

LEUCHTER: *Der Leuchter ist weiß gespritzt. Ein weiß gestrichenes Seil, an dem große Glasprismen hängen, schlingt sich als Schmuck durch die Leuchterarme.*

UHR: *Sie hängt in der Mitte eines blütenförmig ausgesägten Tellers aus dünnem, rosa bemaltem Sperrholz.*

SERVIERWAGEN: *Das Gestell des Servierwagens ist mit Acryllack gestrichen. Um die Griffstange wurde ein dickes Seil gewickelt, mit Kleber fixiert und ebenfalls bunt gestrichen. Die alten Ablagen sind durch passend zugeschnittenes Lochblech ersetzt.*

WANDSCHRANK UND BILDERRAHMEN: *Sie sind nicht lackiert, sondern blau bzw. weiß lasiert. Beschreibung der Technik siehe Seite 53.*

## ► ZWEIFARBIG

**von Seite 42**

MATERIAL: *Ein Schrank mit Fächern und Schubladen von Sperrmüll oder Flohmarkt. Acryllack in Apfelgrün und Lila, Schleifpapier, Schubladengriffe, Malerkrepp, Abbeiz-Gel.*

WERKZEUG: *Schleifklotz, Spachtel, Flachpinsel in verschiedenen Breiten, Schraubendreher.*

**1. Vorbereitung zum Streichen**

Schubladen und Türen herausnehmen, Griffe abschrauben. Evtl. vorhandenen Lack mit Schleifpapier oder Abbeiz-Gel entfernen.

**2. Erst innen, dann außen streichen**

Die Innenseiten und die Rückwand zweimal in Apfelgrün streichen. Gut trocknen lassen. Dann alle Kanten mit Malerkrepp nach innen hin so abkleben, dass das Grün beim Außenanstrich mit Lila nichts abbekommt. Den Korpus, die Arbeitsplatte, die Griffe und die Schubladenfronten zweimal dunkellila streichen. Nach dem Trocknen die Griffe wieder anschrauben.

## LACKIEREN RICHTIG VORBEREITEN

► Damit die neue Lackschicht gleichmäßig und schön wird, muss der Untergrund trocken, fett- und staubfrei sein.

► Bei neuen, unbehandelten Holzoberflächen genügt es, den Staub mit einem feuchten Tuch zu entfernen.

► Werden alte Möbel neu gestrichen, muss zuerst der alte Lack entfernt werden – entweder mit Abbeiz-Gel oder mit einem elektrischen Schleifgerät. (siehe Info-Kasten S. 50)

► Brüchigen Lack oder Rost auf Metall mit einer Stahlbürste oder einem Elektroschaber so weit wie möglich abschleifen, den Rest mit Abbeiz-Gel lösen.

► Sind die Lackschichten sehr dick, das Möbelstück zum Abbeizen geben („Ablaugereien" im Branchenbuch), das ist einfacher, gesünder und umweltfreundlicher.

► Die Oberfläche anschließend glatt schleifen (120er bis 180er Schleifpapier). Den Schleifstaub mit einem feuchten Tuch entfernen.

► Fettflecke auf dem Holz mit Seifenwasser abwaschen.

► Kleine Risse vor dem Schleifen mit Holzkitt auffüllen und trocknen lassen.

## ► GARTENTISCH

**von Seite 43**

MATERIAL: *Sägeraue Bretter, ca. 22 mm dick (Länge und Breite richten sich nach der gewünschten Tischgröße), 6 x 1,5 cm dicke Holzleisten in der Länge der Tischbreite minus 10 cm, Holzschrauben, maigrüner Acryllack, Tischböcke, Schleifpapier.*

WERKZEUG: *Schleifklotz oder Bandschleifer, Schraubendreher, Pinsel.*

## DER RICHTIGE LACK

ACRYLLACK: *Zum Bemalen von Möbeln aus Holz und Metall bestens geeignet. Unverdünnt deckt Acryllack den Untergrund vollständig ab. Acryllack trocknet schnell und enthält keine Lösungsmittel. Das macht ihn umweltfreundlich und für die Anwendung in Wohnräumen optimal.*

KUNSTHARZLACK: *Deckt stark und wird leicht hart und unelastisch – auf Holz ein Nachteil, weil die Lackschicht Risse bekommen kann. Kunstharzlack enthält viel Lösungsmittel und kann auch nur mit Lösungsmittel verdünnt werden. Anwenden sollte man ihn deshalb nur in gut gelüfteten Räumen, besser noch im Freien.*

LASUR: *Gibt es farblos und in Holztönen. Soll die Lasur farbig werden, nimmt man Acryllack in der gewünschten Farbe und verdünnt ihn mit farbloser Lasur, bis der beabsichtigte Effekt erzielt ist. Lasieren kann man auch mit einer halbtransparenten Effektfarbe (Baumarkt). Sie trocknet besonders langsam, sodass Korrekturen während des Auftrags möglich sind. Damit die Oberfläche wasser- und kratzfest wird, empfiehlt sich in jedem Fall ein Finish aus transparentem Acryl-Siegellack.*

**1. Den Tisch bauen**

Die Bretter nebeneinander legen. Die Holzleisten im Abstand von 50 cm zu den Kanten und zueinander rechtwinklig darauf legen, sodass zu den Tischkanten beidseitig je 5 cm Abstand bleiben. Jede Leiste mit 6 Holzschrauben auf den sägerauen Brettern fixieren. Die Tischplatte auf Holz- oder Metallböcke legen.

**2. Den Tisch streichen**

Die Oberseite und die Kanten zweimal mit maigrünem Acryllack streichen. Nach dem Trocknen die Oberfläche mit dem Bandschleifer glätten, sodass die Maserung sichtbar wird.

## ► BAD-PANEEL

**von Seite 44**

MATERIAL: *100 cm lange Paneelbretter (Anzahl richtet sich nach der Wandbreite), 2 je 2 x 3 cm ungehobelte Vierkanthölzer in Wandbreite, 10 x 3 cm ungehobelte Vierkanthölzer (Anzahl richtet sich nach Wandbreite. pro 80 cm ein Vierkantholz plus zwei für die Seiten), 2 Stuhlwinkel je Vierkantholz, Holzschrauben, Schrauben und Dübel, Befestigungskrallen für Paneelbretter, dünne Stahlnägel, 15 cm breites und 2 cm dickes Fichtenleimholz in Wandbreite, weißer Acryllack.*

WERKZEUG: *Bohrmaschine und Bohrer, Hammer, Maßstab, Pinsel, Maserierwerkzeug, Wasserwaage.*

**1. Wandgerüst vorbereiten**

Mit der vorgesetzten Paneelwand können nachträglich verlegte Leitungen verdeckt werden. Sind die Leitungen tiefer als 10 cm, muss die Dicke des Vierkantholzes ebenfalls größer sein. An die Enden der 10 cm breiten Vierkanthölzer beidseitig Stuhlwinkel aufschrauben. Die Vierkanthölzer an den Seitenwänden direkt an die Wand dübeln, die übrigen mit ca. 80 cm Abstand zueinander an der Wand mit den Stuhlwinkeln festdübeln. Die schmaleren Vierkanthölzer mit 15 cm Abstand nach oben und unten auf den senkrechten quer aufschrauben.

**2. Paneel bauen**

Mit dem ersten Nut-und-Feder-Brett auf der linken Seite beginnen; die Nut ist dabei nach links gerichtet. Dieses Brett in der Nut mit zwei Nägeln auf den querlaufenden Leisten fixieren. Die Krallen auf die Feder in Höhe der Leisten aufschieben und mit Nägeln fixieren. Nächstes Brett über die Feder schieben, Krallen aufstecken und fixieren. Immer wieder mit der Wasserwaage überprüfen, ob die Nut-und-Feder-Bretter genau senkrecht verlaufen. Die gesamte Wandbreite auf diese Weise arbeiten.

**3. Holz maserieren**

Das Fichtenleimholz und die Paneelbretter mit weißem Acryllack streichen und die noch nasse Farbe mit dem Maserierwerkzeug (siehe Info-Kasten Seite 54) bearbeiten.

**4. Ablagebrett auflegen**

Das Fichtenleimholzbrett auf die Paneelbretter auflegen und von oben in dem Paneel verschrauben.

## ► KONSOLE

**von Seite 46**

MATERIAL: *Sägeraue Bretter im Format 80 x 25 cm, 80 x 15 cm und zweimal 20 x 13 cm, alle 2 cm dick, ein dekoratives Stück von einem alten, schmiedeeisernen Gartenzaun (Sperrmüll, Trödel), 2 Vierkanthölzer 6 x 6 cm in Höhe des Zaun-Elements, Holzschrauben, Holzkitt, 3 Stuhlwinkel, 6 Schrauben mit Kontermuttern, Beilagscheiben, 6 Holzschrauben, Metallgrundierung, weißer Acryllack, Schleifpapier.*

WERKZEUG: *Schraubendreher, Pinsel, Drahtbürste, Abbeiz-Gel.*

**1. Konsole bauen**

Das schmale vordere Brett bündig auf das 25 cm breite Brett schrauben. Die zwei kleinen Bretter für die Seiten von vorne und von oben festschrauben. Die Beine bündig mit der hinteren Kante unter dem Tisch von der Seite und von oben festschrauben. Alle Schraubköpfe versenken, die Löcher mit Holzkitt auffüllen und nach dem Trocknen schleifen.

**2. Konsole lasieren**

Alle Holzteile weiß lasieren und glatt schleifen. (Siehe Info-Kasten rechts)

**3. Zaunelement befestigen**

Lackreste am Zaun mit einer Metallbürste entfernen. Einen Schenkel der drei Stuhlwinkel mit Schrauben, Beilagscheiben und Kontermuttern am oberen Ende des Zaunteils befestigen, den anderen Schenkel der Winkel unter der Konsole festschrauben.

## ▶ NÜTZLICH

**von Seite 47**

MATERIAL: *Ein Brett aus Fichtenholz in Nischen- bzw. Wandbreite, 2 cm dick, 25 cm tief, hölzerne Vorhangstange mit Halterung in passender Länge, weißer Acryllack, 2 je 25 cm lange Vierkanthölzer, 4 Dübel mit Schrauben, Holzschrauben.*
WERKZEUG: *Bohrmaschine mit 6er-Bohrer, Rundpinsel, Schraubendreher.*

**1. Handtuchhalter befestigen**

Die Halterung für die Vorhangstange auf der Unterseite des Ablagebretts mit ca. 5 cm Abstand zur Vorderkante aufschrauben.

**2. Handtuchhalter und Brett lasieren**

Weißen Acryllack mit farbloser Lasur stark verdünnen. Bord und Vorhangstange mit Abschlusskappen und Halterung damit lasieren. (Siehe Info-Kasten rechts)

**3. Bord einbauen**

Die beiden Vierkanthölzer als Auflage für das Bord in ca. 75 cm Höhe an beiden Nischenseiten andübeln. Das Ablagebrett auflegen und mit Holzschrauben von unten durch die Vierkanthölzer hindurch befestigen. Die Vorhangstange in die Halterungen schieben und die Abschlusskappen aufsetzen.

## ▶ VERSCHNÖRKELT

**von Seite 47**

MATERIAL: *Bilderrahmen aus Holz (Bastelgeschäft), 10 mm dicke Holzleisten in der Länge des Rahmens (Breite entsprechend), weiße Dispersionsfarbe, Klarlack, Schleifpapier, kleine Holzschrauben.*
WERKZEUG: *Feinsäge, Schraubendreher, Flachpinsel .*

**1. Tablett anfertigen**

Die Leisten so zusägen, dass sie wie ein Bild in den Rahmen passen. Von der Rückseite her einlegen und mit Holzschrauben fixieren.

**2. Tablett lasieren**

Weißen Acryllack mit farbloser Lasur verdünnen und auftragen (siehe Info-Kasten rechts). Nach dem Trocknen die erhabenen Stellen am Rahmen leicht anschleifen und das ganze Tablett mit Klarlack imprägnieren.

## HOLZ LASIEREN – SO WIRD'S GEMACHT

MATERIAL: *Farblose Lasur, Acryllack oder Effekt-Farbe in der gewünschten Nuance, Acryl-Siegellack bzw. farbloses Holzöl oder -wachs, evtl. auch Antik-Wachs oder Patina.*
WERKZEUG: *Pinsel, Schleifpapier, Lappen.*

**1. Lasur herstellen**

Acryllack mit Lasur verdünnen, bis der gewünschte Farbton erreicht ist. Die Mischung an einer Stelle ausprobieren, die später nicht zu sehen ist. Ist die Probelasur nach dem Trocknen noch zu deckend, weiter verdünnen.

**2. Lasur auftragen**

Damit die Lasur gleichmäßig wird, müssen die Holzoberflächen fett- und staubfrei sein; deshalb sicherheitshalber mit einem feuchten Lappen abwischen. Die Lasur mit dem Pinsel auftragen und trocknen lassen. Soll die Holzmaserung nach dem Lasieren stark hervortreten, wird die gerade noch feuchte Lasur mit einem Lappen abgerieben.

**3. Endbehandlung**

Die Lasur mit transparentem Acryl-Siegellack, farblosem Wachs oder mit Holzöl imprägnieren. Versiegeln der Oberfläche mit Antik-Wachs oder Patina erzeugt einen noch stärkeren Antik-Effekt. Schleift man die Lasur an Ecken, Kanten und Griffen etwas an, ergeben sich künstliche Gebrauchsspuren.

**Nach dem Lasieren werden Holzoberflächen imprägniert.**

## NEUE TECHNIK: MASERIEREN

Sieht aus wie zart getönte Holzmaserung und kann auf Wände oder Möbel appliziert werden. Möglich machen es Effekt-Farben und ein Werkzeug, die beide speziell für die Maseriertechnik entwickelt wurden (Baumarkt).

MATERIAL: *Für Wände und Decken Dispersionsfarbe, für Holzflächen Acryllack zur Untergrundbehandlung und Effektfarbe zum Maserieren.*

WERKZEUG: *Maserier-Werkzeug (Baumarkt), Flachpinsel.*

**1. Grundanstrich machen**

Die Fläche, die maseriert werden soll, mit der passenden Farbe, also Dispersion (Wand) oder Acryllack (Holz), streichen. Gut trocknen lassen. (Abb. 1)

**2. Deckfarbe aufstreichen**

Auf den Grundanstrich wird eine spezielle Effektfarbe aufgetragen. Sie deckt nicht, sondern lässt den Untergrund durchscheinen. Effektfarbe trocknet besonders langsam und kann problemlos korrigiert werden, bis die gewünschte Farbwirkung erreicht ist. Die Farben von Untergrund und Maserierung kann man Ton in Ton oder kontrastierend wählen.

**3. Maserieren**

Solange die Effektfarbe noch nass ist, das Maserier-Werkzeug in leichten Wellenbewegungen nach unten ziehen (Abb. 2). So entsteht die Imitation einer Holzmaserung.

1

2

**Der Maserier-Kamm erzeugt ein Muster, das einer Holzmaserung täuschend ähnlich sieht.**

## ▶ WASCHTISCH

**von Seite 47**

MATERIAL: *1 sägeraues, 2 cm dickes Brett in Länge und Breite der Nische, die im Bad zur Verfügung steht. Zusätzlich ein zweites, 25 cm breites Brett in Nischenbreite für die Verblendung, 2 Holzleisten, so lang wie die Nische tief ist. Außerdem: 1 Waschbecken, weiße Acrylfarbe, farblose Lasur, farbloser Acryl, 2 Stuhlwinkel, Holzschrauben, Dübel, Holzkitt, Silikon.*

WERKZEUG: *Schraubendreher, Pinsel, Stichsäge, Bohrmaschine, Bohrer.*

**1. Waschtisch bauen**

Den Umfang des Beckens, das in den Waschtisch eingesetzt werden soll, mittig auf dem Nischenbrett aufzeichnen und mit der Stichsäge aussägen. Auf dem 25-cm-Brett für die Verblendung eine Wellenlinie aufzeichnen und aussägen. Das Wellenbrett mit Stuhlwinkeln unter das Nischenbrett schrauben und die Ritze mit Holzkitt auffüllen. Nach dem Trocknen glatt schleifen.

**2. Waschtisch einbauen**

Die Holzleisten in Höhe des Waschtischs an die Wand dübeln und den Waschtisch darauf legen. Mit Holzschrauben von oben fixieren und die Schrauben versenken. Die Schraublöcher mit Holzkitt auffüllen und glatt schleifen.

**3. Holz lasieren**

Das Holz weiß lasieren (siehe Info-Kasten Seite 53), glatt schleifen und mit farblosem Acryllack imprägnieren. Das Waschbecken einsetzen und rundum mit Silikon abdichten.

## ▶ REGAL MIT GIEBEL

**von Seite 48**

MATERIAL: *(Siehe Info-Kasten „Marmorieren" rechts). Außerdem: Für den Giebel eine Spanplatte in Breite der Regalwand, Höhe ca. 15 – 25 cm (je nach der Breite des Regals). Für den Sockel unten am Regal und die Verblendung oben am Giebel 2 etwa 10 cm breite Holzleisten in der Breite des Regals, außerdem 4 Leisten für Sockel und Verblendung seitlich mit dem Maß der Regaltiefe. Holzschrauben, Holzleim, 3 Stuhlwinkel.*

WERKZEUG: *Schraubendreher oder Akkuschrauber, Stichsäge.*

**1. Den Giebel bauen**

Die Schräge für den Giebel mit der Stichsäge aussägen. Das Giebelbrett mit den Stuhlwinkeln bündig auf dem Regal festschrauben. Zuerst die seitlichen oberen und unteren Leisten aufkleben und anschrauben, dann die obere Querleiste leicht überlappend über dem Giebel. Die untere Querleiste bündig am Sockel festschrauben. Die Schraublöcher mit Holzkitt auffüllen und schleifen.

**2. Giebel, Blenden und Sockel marmorieren**

Die Technik des Mamorierens ist im Info-Kasten rechts genau beschrieben.

## MÖBEL MARMORIEREN – SO GEHT'S

MATERIAL: *Kunstharzlack (weil er langsamer trocknet als Acryllack) in Weiß und Schwarz, Klarlack, eine Vorlage mit Marmormuster (Geschenkpapier, Folie).*

WERKZEUG: *Breiter Flächenpinsel, dünner Rundpinsel, schmaler Flachpinsel (Abb. 1).*

**1. Untergrund malen**

Den Holz- oder Spanplatten-Untergrund mit einem feuchten Tuch entstauben, mit Holzgrund und Vorlack glätten. Trocknen lassen; so werden die Poren geschlossen.

Für den ersten Anstrich Vorlack verwenden, damit die Oberfläche glatt wird. Danach mit Lack arbeiten. Um den reinen Weißton etwas zu brechen ein wenig schwarzen Lack untermischen.

Die Holzoberfläche mit dem breiten Flächenpinsel streichen. Tipp: Mit einer kleineren, abgegrenzten Fläche beginnen, da das Nass-in-nass-Malen für die Marmorierung ein zügiges Arbeiten erfordert. Erst wenn die Technik sitzt, größere Flächen in Angriff nehmen (Abb. 1).

**2. Adern malen**

In die noch nasse weiße Farbe mit einem dünnen Rundpinsel und schwarzer Farbe feine Adern einziehen (Abb. 2). Wer das aus dem Gedächtnis nicht kann, nimmt sich mamoriertes Geschenkpapier oder eine Folie mit Marmordruck als Vorlage.

**3. Adern verziehen**

Den breiten Flächenpinsel säubern und anfeuchten. Die schwarz aufgemalten Adern damit verziehen, bis sich graue Schattierungen ergeben (Abb. 3). So oft neue Adern mit dem Rundpinsel aufmalen und mit dem Flächenpinsel verziehen, bis die Struktur echt wirkt (Abb. 4).

**4. Schattierung aufmalen**

Mit weißer und schwarzer Farbe ein helles Grau anmischen. Diese Farbe als Schattierung entlang der schwarzen Marmoradern mit dem schmalen Flachpinsel aufmalen Die Oberfläche nach dem Trocknen mit einer matten Klarlackschicht versiegeln (Abb. 5).

**Marmorieren, step by step. Details im Kasten links.**

## ▶ BISTROTISCH

**von Seite 49**

MATERIAL: *(Siehe Info-Kasten links). Außerdem: 80 x 120 cm große Spanplatte, 21 mm dick, 8 x 1 cm dicke Holzleisten, je 2 Stück in 122 cm und 80 cm Länge, 4 Tischbeine, Holzschrauben, Holzleim, Holzkitt.*

WERKZEUG: *(Siehe Info-Kasten links). Außerdem: Schraubendreher, Schleifpapier.*

**1. Den Tisch bauen**

Die 80 cm langen Leisten bündig auf die schmalen Seiten der großen Spanplatte aufkleben und mit einigen Holzschrauben fixieren, dabei die Schrauben versenken. Die 122 cm langen Leisten an den beiden Längskanten aufkleben und verschrauben. Die Schraublöcher mit Holzkitt auffüllen und nach dem Trocknen glatt schleifen. Beine unter die Platte schrauben.

**2. Tischplatte marmorieren**

Die Tischplatte oben und seitlich mit dem Marmormuster versehen wie im Info-Kasten „Marmorieren“ beschrieben.

**KONSOL-TISCH.** Hübsch als Ablage und zum Aufstellen von Deko-Stücken. Die Platte ruht fest auf zwei filigranen Stützen. Alles ist aus Buchenholz gezimmert und weiß lasiert. *Anleitung Seite 68.*

# *Mini-Mö*

# KONSOLEN MIT STIL

**DEKO-SÄULEN.** Von griechischer Tempelarchitektur inspiriert sind diese Untersätze für Pflanzen und Skulpturen. Für zusätzlichen Antik-Appeal sorgt eine raffinierte Oberflächenbehandlung. *Anleitung Seite 68/69.*

Von der feinen Konsole bis zum witzigen Regal – Sie brauchen keine Schreinerlehre, um Ihre Wohnung mit ein paar Extras zu bereichern, die originell und funktionell zugleich sind.

*bel selbst bauen*

# TISCHE – ORIGINELL & PRAKTISCH

**SETZKASTEN-TISCH:** Aus alten oder im Baumarkt gekauften Setzkästen wird ein witziges Couchtischchen. Ideal, um eine Sammlung von Steinen, Figürchen oder anderem Krimskrams liebevoll zu präsentieren. *Anleitung Seite 69.*

**SERVIERWAGEN.** Ein Möbel mit drei Nutzeffekten: Museum auf Rädern, Tisch, Servierwagen. Ein kleines Meisterstück für Hobbytischler/innen. *Anleitung Seite 69/70.*

**ROLLTISCH** (links). Er schafft Platz im kombinierten Schlaf- und Arbeitsraum, sorgt für Komfort beim Sonntagsfrühstück. Und lässt sich dank untergeschraubter Möbelrollen bequem dahin schieben, wo man ihn gerade braucht. *Anleitung Seite 69.*

# FÜR BALKON UND TERRASSE

**BLUMENTOPF.** Vom Glaser eine dicke Glasplatte zuschneiden lassen und auf einen großen, sandgefüllten Tontopf legen. Fertig ist ein Terrassentisch, der Ferienstimmung verbreitet.

**FLIESENTISCH.** Spanisches Flair zaubern die Fliesen und das Schmiedeeisen dieses Tischchens auf Ihren Balkon. *Anleitung Seite 70/71.*

Hailo
CHANEL
VOGUE
PARIS
Campbell's
TOMATO SOUP
Campbell's
TOMATO SOUP

# MAN NEHME EINE LEITER

**LEITER-REGAL** (linke Seite). Einfach eine Malerleiter aufklappen, breite Bretter auf den Sprossen befestigen und die Teile gelb und hellgrau lackieren. Witzig dazu: die umgedrehte Kunststoffbox als Tischchen. *Anleitung Seite 71.*

**KIPP-REGAL.** Es wirkt ganz schön schräg, steht aber bombenfest, weil es mit Stuhlwinkeln an die Wand geschraubt ist. Die Fichtenbretter sind weiß lasiert. *Anleitung Seite 71.*

**TON IN TON** (Bild ganz oben). Wand und Regalbretter sind im exakt gleichen Farbton mit Dispersionsfarbe gestrichen. Die Bretter werden mit farblosem Lack versiegelt. *Anleitung Seite 73.*

**AUF ROLLEN** (oben). Ein knackig-buntes Ensemble bilden das knallrot gestrichene Regal, flach gelegt und mit Rollen versehen, dahinter eine türkisfarbene Wand, davor ein bunter Teppich. *Anleitung Seite 72.*

# REGALE MIT „RÜCKWAND" AUS FARBE

**ECHT COOL.** Vor der wasserblauen Wand gewinnt das sachliche Metallregal überraschenden Charme. Mit einem rollogeschmückten Fenster im Zentrum wird es endgültig wohnzimmertauglich. *Anleitung Seite 72.*

# NÜTZLICHES IM HIGHTECH-STIL

**SCHWENKBAR.** Diese Ablageböden sind an einem stabilen Regalbaum angebracht und lassen sich immer genau dahin schwenken, wo man sie braucht. Praktisch im Bad, aber nicht nur dort. *Anleitung Seite 73.*

**FUTURISTISCH** (unten). Schwarz lackiert und farbig abgesetzt: ein Regal, das nicht nur Platz bietet für Hi-Fi und TV, sondern auch für Bücher, Platten und Leselampe. *Anleitung Seite 73*

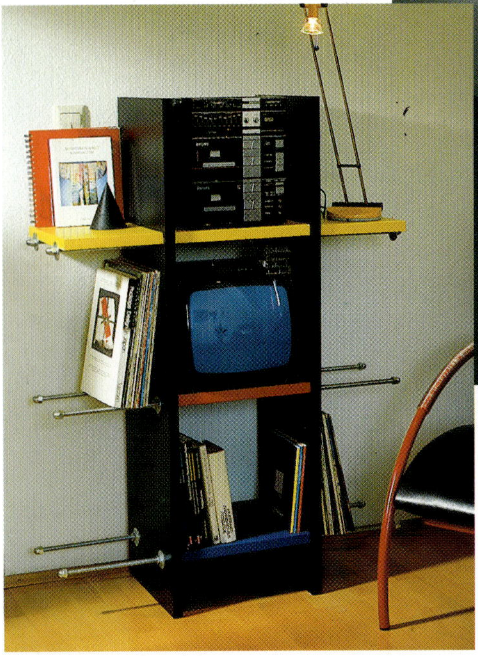

**GARDEROBE** (rechts). In jede freie Ecke fügt sich dieses praktische Gestänge. Es ist aus Teleskopstangen im Handumdrehen zusammengebaut und hält trotz seiner Zierlichkeit jeder Menge Mänteln, Taschen und Hüten stand. *Anleitung Seite 73.*

## ▶ KONSOL-TISCH

**von Seite 56**

MATERIAL: *Buchenholz, 25 mm dick (im Baumarkt gleich zuschneiden lassen). Für die Tischplatte 55 x 120 cm, zweimal 50 x 50 cm und viermal 40 x 40 cm, 24 Buchenrundholz-Stäbe, je 85,5 cm lang mit 20 mm Durchmesser, Holzleim, Holzschrauben, Schleifpapier, weißer Acryllack, farblose Lasur.*

WERKZEUG: *Stichsäge, Akkuschrauber oder Schraubendreher, Lineal, Bleistift, Schleifklotz oder Schleifgerät, Flachpinsel, Zirkel mit Verlängerung.*

**1. Scheiben sägen**

Mit dem Zirkel auf den Buchenholzplatten mit 40 cm Kantenlänge Kreise mit 40 cm Durchmesser, auf den Platten mit 50 cm Kantenlänge Kreise mit 50 cm Durchmesser aufzeichnen. Mit der Stichsäge aussägen und die Kanten glatt schleifen.

**2. Kreis in Zwölftel unterteilen**

Auf einer kleineren Scheibe einen zusätzlichen Kreis mit 30 cm Durchmesser markieren. Diesen Kreis in 12 gleiche Abschnitte unterteilen. Dafür den Zirkel mit dem Radius 15 cm auf dem Kreis einstechen, beidseitig der Einstichstellen den Radius auf dem Kreis markieren, an der Markierung einstechen und so lange wiederholen, bis der Kreis in Sechstel unterteilt ist. Ein Sechstel halbieren, mit dem Zirkel einstechen und das Sechsteln rundum wiederholen.

**3. Rundhölzer befestigen**

Auf diesen Markierungen dünne Löcher vorbohren. Die durchlöcherte Scheibe deckungsgleich auf die übrigen drei Scheiben legen und die Bohrstellen durch die Löcher mit dem Bleistift durchzeichnen. Die markierten Scheiben ebenfalls vorbohren. Die Enden von 12 Rundhölzern mit Holzleim bestreichen und mittig über die Bohrungen kleben. Wenn der Kleber angezogen ist, vorsichtig umdrehen und jedes Rundholz mit einer Holzschraube durch die Bohrung zusätzlich festschrauben. Das Festkleben und Anschrauben auf beiden Säulenenden wiederholen.

**4. Säulen montieren**

Je eine Säule mittig auf eine Scheibe mit 50 cm Durchmesser kleben. Zusätzlich mit 4 Holzschrauben von der Unterseite her fixieren.

**5. Säulentisch lasieren**

Die Tischplatte und die Säulen mit stark verdünntem Acryllack weiß lasieren (siehe Info-Kasten Seite 53). Platte auf die Säulen legen, evtl. zusätzlich mit einigen Schrauben durch die obere Säulenplatte fixieren.

## ▶ DEKO-SÄULEN

**von Seite 57**

MATERIAL: *(pro Säule) Die Säulen haben einen Höhenunterschied von 15 cm, alle übrigen Maße bleiben gleich. (Die Angaben beziehen sich auf die kleinste Säule, die variablen Größenangaben stehen in Klammern.) 22 mm dicke Spanplatten, für Säulenfuß und -kopf je 2 Platten mit 35 x 35 cm, 31 x 31 cm und 27 x 27 cm, für die Seitenwände 4 Platten mit 21 x 80 cm, bzw. 95 bzw. 110 cm (alles im Baumarkt gleich zuschneiden lassen), 20 Halbrundleisten mit 2 cm Durchmesser und 74 bzw. 89 bzw. 104 cm, kleine Nägel, Holzleim, Schleifpapier, Holzschrauben, Holzkitt, Dispersionsfarbe in Blau, Weiß, Rotbraun und Schwarz, Dekor-Matt-Farbe in Gold oder Bronze (Bastelabteilung).*

WERKZEUG: *Gehrungslade und Feinsäge, Schleifklotz, Hammer, Schraubendreher oder Akkuschrauber, Spachtel, Flachpinsel, Lineal, Bleistift.*

1

2

Für das klassische Profil der Säulen sorgen halbrunde Leisten (Abb. 1). Goldfarbe, halbtrocken über die Kanten gewischt, bringt den Antik-Effekt (Abb. 2).

**1. Mittelteil bauen**

Je zwei der vier Spanplatten für das Mittelteil an den Längskanten stumpf zusammenleimen, (d. h., die Kante der einen Platte bündig auf die Längskante der zweiten Platte kleben) und zusätzlich mit 3 Schrauben verschrauben, dabei die Schraubköpfe versenken.

Die beiden zusammengeschraubten Ecken so entlang der Kanten zusammenkleben, dass sich eine quadratische Röhre ergibt. Die geklebten Kanten ebenfalls mit je 3 Schrauben fixieren. Die Enden der Halbrundleisten in der Gehrungslade im 45-Grad-Winkel absägen und anschließend glatt schleifen. Je 5 Leisten auf eine Säulenseite im gleichen Abstand zueinander und nach oben und unten aufkleben und mit einigen Nägeln sichern.

**2. Säule mit Fuß und Kopf verschrauben**

Auf den Oberseiten der Quadrate mit Lineal und Bleistift die Diagonale markieren. Auf den kleinsten Platten die Diagonale beidseitig aufzeichnen. Die Säule so auf die kleinste Platte stellen, dass die Ecken auf die Diagonalen treffen und den Umriss auf beiden Seiten aufzeichnen. Die kleinsten Platten auf beide Enden der Säule kleben und von der Rückseite her mit Schrauben entlang der Markierung fixieren. Die nächstgrößeren Platten beidseitig stufenförmig aufkleben und festschrauben, die Ecken der kleinsten Platte müssen immer auf die Diagonale der größeren Platte treffen. Alle sichtbaren Schraublöcher und Ritzen mit Holzkitt auffüllen und nach dem Trocknen glatt schleifen.
Die Säule mit Dispersionsfarbe in einer Farbe deckend streichen, dann mit dem dunkleren Farbton trocken überstreichen, sodass die Grundfarbe noch etwas zu sehen ist. Die weiße Säule wurde in Hellgrau, die blaue mit Dunkelblau und die rotbraune mit Dunkelbraun überstrichen; der Grundton ist immer etwas mit Schwarz vemischt. Zum Vergolden mit einem trockenen Pinsel das Mattgold auftragen.

## ▶ ROLLTISCH

**von Seite 58**

MATERIAL: *Für die Tischplatte eine 25 mm dicke MDF-Platte auf die Maße 160 x 45 cm (bei einer Bettbreite von 140 cm – sonst entsprechend mit je 9 cm Abstand zum Bett), für die Seitenteile je 1 Platte mit 65 x 45 cm im Baumarkt zuschneiden lassen. 4 Stuhlwinkel, 4 Möbelrollen, davon 2 feststellbar, Holzschrauben, Holzleim, lachsfarbener Acryllack, Schleifpapier.*
WERKZEUG: *Schraubendreher, Pinsel.*

**1. Tischplatte und Seitenteile verschrauben**

Je zwei Stuhlwinkel bündig auf die schmalen Seiten der Seitenteile mit je 15 cm Abstand zueinander aufschrauben. Tischplatte auf den Boden legen und je eine Parallele mit 5,5 cm Abstand zu den Schmalseiten markieren. Die oberen Kanten der Seitenteile mit Kleber bestreichen und die Seitenteile entlang dieser Markierung auf die Tischplatte kleben; die Stuhlwinkel sind dabei zur Tischmitte gerichtet. Die Stuhlwinkel mit Holzschrauben auf der Unterseite der Tischplatte befestigen.

**2. Tisch lackieren**

Alle Kanten mit Schleifpapier glätten. Mit Acryllack farbig streichen.

**3. Rollen befestigen**

Die Möbelrollen mit ca. 5 cm Abstand zur Vorder- und Rückseite unter die Seitenteile schrauben.

## ▶ SETZKASTEN-TISCH von Seite 59

MATERIAL: *4 Setzkästen (Baumarkt oder Kaufhaus), 4 Vierkanthölzer, 36 cm lang, 55 x 55 mm, 4 Holzleisten, 10 mm dick (die Breite entspricht der Höhe der Setzkästen plus 1,5 cm), 2 in Tischkantenlänge, 1 in Tischkantenlänge plus 2 cm, Spanplatte, 10 cm dick, in der Größe der 4 Setzkästen (im Baumarkt zuschneiden lassen), Holzleim, lange und kurze Holzschrauben, dünne Nägel, Schleifpapier, farbloser Acryl-Mattlack.*
WERKZEUG: *Säge, Schraubendreher oder Akkuschrauber, Hammer.*

**1. Tisch bauen**

In jeder Ecke der Spanplatte mit jeweils 3 cm Abstand zu den Kanten ein Vierkantholz als Fuß aufkleben, den Kleber trocknen lassen. Tischplatte umdrehen und die Füße von oben mit langen Schrauben fixieren.

**2. Setzkästen befestigen**

Die vier Setzkästen auf die Platte kleben, zusätzlich von oben kurze Schrauben eindrehen. Die beiden kürzeren, 10 mm dicken Holzleisten an den zwei gegenüberliegenden Tischseiten bündig mit der Tischplatten-Unterkante und 0,5 cm über die Setzkästen überstehend aufkleben. Die beiden längeren Holzleisten an den beiden Seiten aufkleben (sie decken die kürzeren Holzleisten an den Ecken ab).
Alle vier Leisten zusätzlich mit dünnen Nägeln fixieren.

**3. Tisch fertig stellen**

Die Holzleisten und die Tischplatte mit Klarlack lackieren. Nach dem Trocknen die Glasplatte auflegen.

## ▶ SERVIERWAGEN

**von Seite 59**

MATERIAL: *Birkenmultiplex-Platte, 12 mm dick: 1 Grundplatte, 70 x 45 cm, und je 2 Rahmenteile (72 x 7 cm und 47 x 7 cm), Pappelsperrholz-Platte, 6 mm dick: 1 Platte, 70 x 45 cm (gleich im Baumarkt zuschneiden lassen), 6 mm dicke Glasplatte,*

**Die einzelnen Teile des Tisches werden von unten nach oben zusammengesteckt und festgeschraubt.**

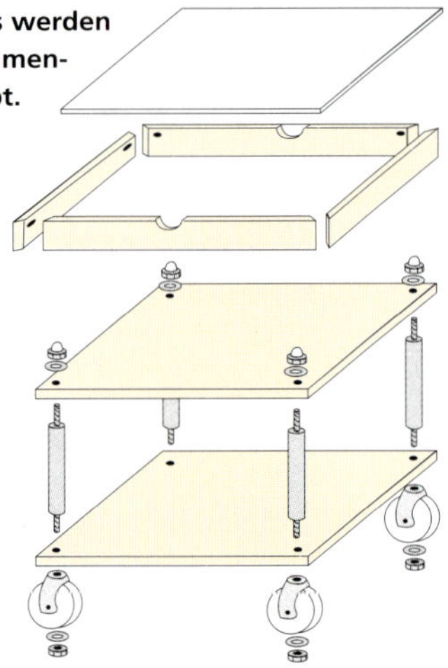

*67 x 42 cm (Glaser), 4 Möbelrollen, 10 cm hoch mit Bohrung (evtl. 2 zum Feststellen), 4 Gewindestangen mit 6 mm Durchmesser, 21 cm lang, 4 Alurohre mit 20 mm Durchmesser, 16 cm lang, 8 Glasplattenhalter mit 6 mm mit Gummi, je 4 Hut- und Sechskantmuttern mit 6 mm Durchmesser, 8 passende Beilegscheiben mit 20 mm Durchmesser, breites Gewebeklebeband, Möbelwachs oder farbloser Acryl-Mattlack, Holzleim.*

WERKZEUG: *Stichsäge, mittleres und feines Schleifpapier bzw. Schleifgerät, Gehrungslade, Säge, 5er- und 7er-Holzbohrer, Bohrmaschine, Lineal, Bleistift, Lappen oder Pinsel.*

**1. Einzelteile vorbereiten**

Auf der Ablageplatte in den Ecken jeweils 3 cm von den Kanten entfernt die Stellen für die Bohrlöcher markieren. Ablageplatte bündig auf die Grundplatte legen und mit Schraubzwingen zusammenpressen. Mit dem 7er-Bohrer durch beide Platten die Löcher bohren. Die Enden der Rahmenteile senkrecht in der Gehrungslage im 45-Grad-Winkel abschrägen. Für das Griffloch an den beiden Längskanten der Rahmenteile mittig einen Halbkreis mit 4,5 cm Radius aufzeichnen (siehe Zeichnung links unten) und mit der Stichsäge aussägen. Griffloch glatt schleifen. Für die Glashalter in alle Rahmenteile mit jeweils 2 cm Abstand zur Oberkante und 7 cm Abstand zu den Seiten mit dem 5er-Bohrer ca. 7 cm tiefe Löcher bohren.

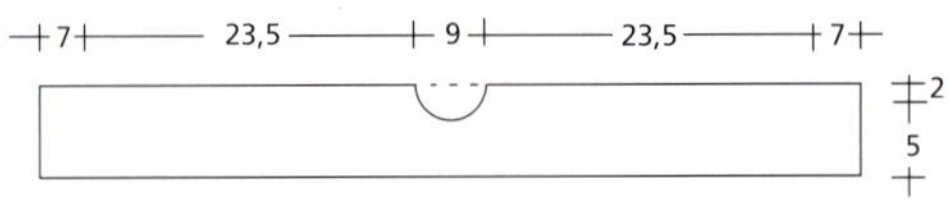


**Seitenteil mit Grifflöchern und Markierungen für die Halterungen der Glasplatten.**

**2. Glaskasten bauen**

Die Außenkanten der Grundplatte und die Gehrungen der Rahmenteile mit Holzleim bestreichen. Die Rahmenteile bündig mit der Unterkante auf die Grundplatte kleben. Zum Pressen der Rahmenteile auf die Grundplatte den Rahmen mit Klebeband umwickeln, bis der Leim getrocknet ist.

**3. Wagen montieren**

Montieren wie in der Zeichnung gezeigt. Die Gewindesstange durch die Bohrung der Möbelrolle stecken und von unten eine Beilegscheibe und eine Sechskantmutter aufschrauben. Alle vier Gewindestangen mit Rolle von unten nach oben durch die Bohrungen des Ablagebretts stecken. Die Alurohre darüber schieben, darüber den Tischkasten mit Beilegscheiben aufstecken und mit Hutmuttern festdrehen.

**4. Tisch fertig stellen**

Die Holzoberflächen mit Möbelwachs polieren oder mit farblosem Mattlack streichen. Die Glasplattenhalter in die Bohrung stecken und die Glasplatte einlegen.

## ► FLIESENTISCH

**von Seite 61**

MATERIAL: *Tischgestell, wasserfest verleimte Spanplatte, 20 mm dick, 79 x 62 cm groß, je 2 Holzleisten – 20 x 15 mm dick und 79 bzw. 58 cm lang, 15 x 15 cm große Fliesen – 21 in Terrakotta, 14 in Schwarz und 7 in Weiß, Flexfliesenkleber, Fugenmasse, Holzleim, 35 mm lange Holzschrauben.*

WERKZEUG: *Bohrmaschine mit Schraubaufsatz oder Akkuschrauber, Fliesenschneider, Zahnspachtel, glatte Spachtel, Schwamm, Lineal, Bleistift.*

**1. Tischplatte bauen**

Die langen Leisten bündig zur Längskante auf die Platte leimen, die kurzen entlang der Querkante dazwischen kleben. Zusätzlich mit Schrauben fixieren. Tischplatte umdrehen und auf das Gestell legen.

**Muster für die Tischplatte: in der Mitte Terrakotta, als Rahmen längs halbierte, glasierte Fliesen.**

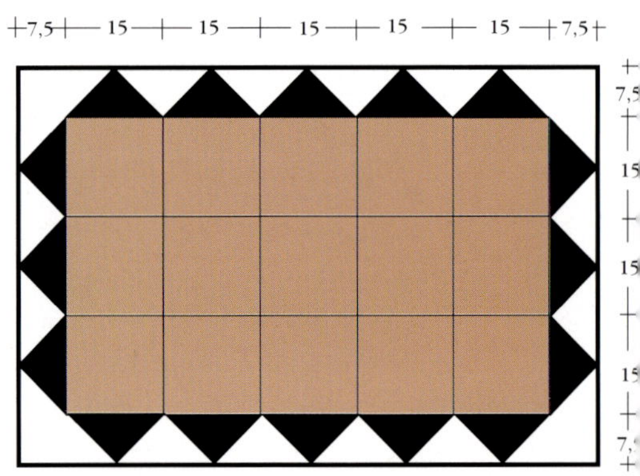

**2. Tischplatte mit Fliesen bekleben**

Auf der Platte nach der Zeichnung auf S. 70 mit Lineal und Bleistift das Mittelfeld anzeichnen. Mittelfeld mit Fliesen in gleichmäßigem Abstand auslegen.
Die schwarzen und weißen Fliesen diagonal halbieren, die übrigen Terrakottafliesen mittig als Eckfliesen halbieren (ein Steinmetz oder Fliesenleger macht das im Handumdrehen für ein paar Mark). Fliesenkleber anrühren und das Mittelfeld mit dem Kleber und dem Zahnspachtel bestreichen. Terrakottafliesen und anschließend den Zackenrand aufkleben, dabei die unterschiedliche Fliesenstärke mit dem Fliesenkleber ausgleichen. Fliesenkleber auf den Rand auftragen und die halbierten Fliesen mit der Schnittkante nach unten und bündig mit der Tischfläche rundum aufkleben. Kleber vollständig trocknen lassen.
Fugenmasse anrühren und mit dem glatten Spachtel in die Fugen streichen. Etwa 1 Stunde antrocknen lassen, dann die überschüssige Masse so lange mit feuchtem Schwamm abwischen, bis die Tischplatte sauber ist. Fugen trocknen lassen.

## ► LEITER-REGAL

**von Seite 62**

MATERIAL: *Zweiseitige Malerleiter aus Holz (Malerbedarf oder Baumarkt), Bretter aus Fichtenleimholz in 2 cm Stärke (Anzahl, Länge und Breite richten sich nach der Leitergröße), pro Regalbrett 2 Holzschrauben, gelbe, weiße und graue Acrylfarbe.*

WERKZEUG: *Flachpinsel, fester Maßstab.*

**1. Brettermaße festlegen**

Die Leiter auseinanderklappen, bis sie im Gelenk eingerastet ist. Zum Bestimmen der Brettermaße an die beiden untersten Sprossen den Maßstab so auflegen, dass er 30 cm über eine Sprossenseite hinausragt. Auf der gegenüberliegenden Sprossenseite ebenfalls 30 cm dazurechnen. Für die Breite der Bretter Sprossenbreite minus 0,5 cm rechnen.
Die Größe der übrigen Bretter auf die gleiche Weise ausmessen. Fichtenbretter im Baumarkt zusägen lassen.

**2. Bretter und Leiter streichen**

Für die Leiter aus weißem und gelbem Acryllack einen hellgelben Farbton mischen.
Die Bretter beidseitig mit einer Mischung aus grauem und weißen Acryllack streichen.

**3. Bretter fixieren**

Nach dem Trocknen der Farbe die Bretter auf die Sprossen legen und so ausrichten, dass beidseitig 30 cm überstehen. Als Kippschutz die Regalbretter mit je einer Holzschraube auf den Sprossen fixieren.

## ► KIPP-REGAL

**von Seite 63**

MATERIAL: *18 mm dicke Fichtenbretter, 2 Stück mit 172 cm Länge und 15 cm Breite, 6 Stück mit 11 cm Breite und 50 cm Länge, 2 Stuhlwinkel, weiße Abtönfarbe und matter Klarlack oder weißer Acryllack, Holzleim, 50 mm lange Holzschrauben, 120er Schleifpapier.*

WERKZEUG: *Feinsäge, Bohrmaschine und dünner Holzbohrer, Schraubendreher, Pinsel, Bleistift, Lineal.*

**1. Seitenbretter unten abschrägen**

Zum Markieren der Schräge am oberen Brett-Ende links 3,5 cm nach unten abmessen (wie auf der Zeichnung) und einen Bleistiftstrich in die rechte Brett-Ecke ziehen. Am unteren Brett-Ende auf der rechten Seite 3,5 cm nach oben messen und den Strich zur linken unteren Ecke ziehen. Entlang der Markierung die Brett-Enden mit der Feinsäge abschrägen.

**2. Bohrlöcher anbringen**

Die beiden Seitenbretter mit Schraubzwingen deckungsgleich aufeinander pressen. Die Abstände für die Bohrlöcher, in denen die Regalbretter befestigt werden sollen, auf dem oben liegenden Brett markieren. Sie haben zu den Außenkanten 3,5 cm und zueinander 8 cm Abstand; die Abstände von unten nach oben betragen 6 cm und 5 x 29 cm (siehe Zeichnung oben).

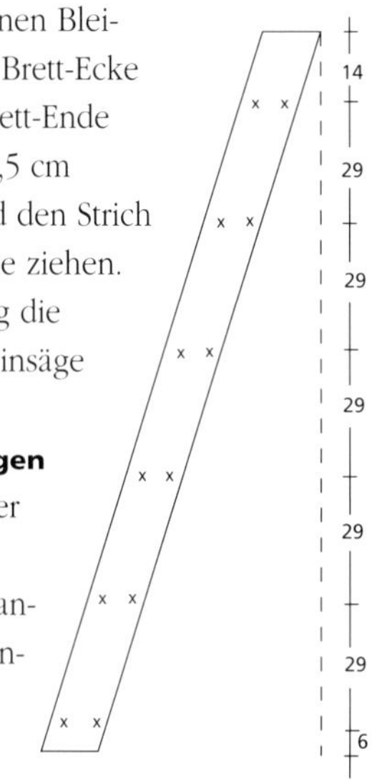


**Abgeschrägtes Seitenteil mit den Markierungen für die Bohrlöcher zur Befestigung der Regalbretter.**

**3. Regalbretter befestigen**

Die Bohrlöcher mit einem dünnen Holzschrauber durch beide Seitenbretter verbohren. An den Querkanten der Regalböden ebenfalls Bohrlöcher mit 1,5 cm Abstand zu den Kanten und 8 cm zueinander markieren und verbohren. Holzleim auf die Querkanten streichen und die Regalbretter zwischen die Seitenteile leimen. Holzschrauben durch die Bohrungen drehen und die Böden damit zusätzlich fixieren.

**4. Regal an der Wand befestigen**

Die Stuhlwinkel mit der vorderen Kante an der Wand, mit der hinteren Kante bündig auf der Oberseite der Seitenteile festschrauben.

**5. Regal streichen**

Acryllack oder Dispersionsfarbe mit Wasser stark verdünnen und das Regal damit lasieren (siehe Info-Kasten Seite 53). Bei Verwendung von Dispersionsfarbe nach dem Trocknen zusätzlich mit farblosem Mattlack streichen.

## ▶ TON IN TON
**von Seite 64**

MATERIAL: *2 Fichtenleimholzbretter in 19 mm Stärke und 20 cm Breite (die Länge richtet sich nach der Wand- bzw. Nischenbreite), 4 je 15 cm lange Vierkanthölzer (bei Befestigung in einer Nische), sonst 4 U-förmige Spezialhalterungen für Regalbretter zur schwebenden Befestigung (Baumarkt), Dispersionsfarbe im Farbton der Wand, farbloser Mattlack, Schleifpapier, Dübel und Schrauben.*

WERKZEUG: *Flachpinsel, Bohrmaschine und Bohrer, Wasserwaage, Maßstab, Bleistift.*

**1. Wand und Bretter streichen**

Zuerst die Wand, dann die Bretter mit Dispersionsfarbe exakt im gleichen Farbton streichen und nach dem Trocknen mit Mattlack versiegeln.

**2. Wandhalterungen anbringen**

Beim Einbau in einer Nische an den Seitenwänden die Höhe der Regalbretter in ca. 1 m und 1,30 m anzeichnen. Die Vierkanthölzer mit der Wasserwaage entlang der Markierungen ausrichten und an der Wand festdübeln. Mit Dispersionsfarbe streichen. Die Regalbretter auf die Vierkanthölzer legen. Werden die Regalbretter an einer offenen Wand angebracht, den Sitz der Halterungen in der oben angegebenen Höhe mit Hilfe der Wasserwaage markieren und die U-förmigen Halterungen an die Wand dübeln. Die Regalbretter in die Halterungen schieben.

## ▶ REGAL AUF ROLLEN **von Seite 64**

MATERIAL: *Fertiges Regal in ca. 30 cm Breite und 190 cm Höhe (Möbel-Mitnahmemarkt), 4 Möbelrollen mit Schrauben.*

WERKZEUG: *Schraubendreher, Lineal, Bleistift.*

**1. Regal streichen**

Das Regal mit Acryllack in einem kräftigen Farbton streichen. Gut trocknen lassen.

**2. Rollen montieren**

Zum Festschrauben der Rollen das Regal auf eine Seite legen. Die Rollen mit 6 cm Abstand zu den Seitenkanten und 3 cm zu den vorderen und hinteren Kanten festschrauben. Regal auf die Rollen stellen.

## ▶ ECHT COOL
**von Seite 65**

MATERIAL: *Anbauregal aus verzinktem Stahl (gibt's im Baumarkt. Wenn nicht, im Branchenbuch unter Industrieregale nachschauen). Die Anzahl der Regalträger und der Regalböden richtet sich nach den räumlichen Gegebenheiten. Millimeterpapier. Regalträger passend zuschneiden lassen. Genormte Größe der Regalböden: 90 x 31 cm.*

WERKZEUG: *Schraubenschlüssel, Bleistift, Lineal.*

**1. Materialbedarf bestimmen**

Wenn das Regal um ein Fenster herumgebaut wird, Wand und Fenster ausmessen und im Maßstab 1 : 10 auf Millimeterpapier aufzeichnen. Zuerst – vom Fenster ausgehend – die senkrechten Regalträger einzeichnen. Abstand zum Fenster: ca. 10 cm, Breite der Regalböden: jeweils 90 cm. Dann die durchgehenden Regalböden oberhalb und unterhalb des Fensters einzeichnen. Für den Einkauf in Meter umrechnen.
Zur Stabilisierung sollten mindestens jeweils 3 Regalböden pro Regal mit den Regalträgern mithilfe von je vier Stabilisierungsecken versteift werden.
Die Schrauben liegen den Regalböden und den entsprechenden Stabilisierungsecken bei.

**2. Regal zusammenschrauben**

Die senkrechten Regalträger mit jeweils dem obersten und untersten Regalboden verschrauben, dabei die Stabilisierungsecken befestigen. Dann die übrigen Regalböden in den gewünschten Abständen einschrauben. Bei den Böden in Fensterbretthöhe ebenfalls Stabilisierungsecken anschrauben.

## ▶ SCHWENKBAR
**von Seite 66**

MATERIAL: *Stange mit Fuß, Wandbefestigung und 5 Halterungen für 5 Ablagen (alles im Gerüstebauhandel – siehe Branchenbuch), 6 mm dickes Sperrholz, 5 Sperrholzplatten in 30 x 30 cm Größe, Acryllack in verschiedenen Farben, Gummiball als oberen Abschluss, Dübel und Schrauben.*
WERKZEUG: *Schraubendreher, Holz- und Steinbohrer und Bohrmaschine, Cutter.*

**1. Regalbaum befestigen**

Die Wandbefestigung für die senkrechte Stange ca. 15 cm unterhalb des Stangenendes andübeln. Die Halterungen für die Regalböden über die Stange und die Stange in die Wandhalterung schieben. Als oberen Abschluss der Stange in einen Gummiball mit dem Cutter ein Loch schneiden und über die Stange stecken.

**2. Regalböden präparieren und befestigen**

Die Regalböden trapezförmig zusägen, dafür an einer Kante von der Mitte aus beidseitig je 10 cm antragen und mit den gegenüberliegenden Ecken verbinden. Entlang der Markierung absägen. Böden mit Acrylfarbe streichen. Für die Befestigung an der Schmalseite mit 3 cm Abstand zur Kante ein Loch bohren. Regalböden mit Schrauben und Flügelmuttern an den Halterungen fixieren. Die Höhe der Regalböden nach Bedarf festlegen.

## ▶ FUTURISTISCH
**von Seite 66**

MATERIAL: *25 mm dicke MDF-Platte (im Baumarkt zusägen lassen), 2 je 36,5 x 120 cm (Seitenteile), 3 je 35 x 35 cm (Innenböden) und 2 je 35 x 23,5 cm (Außenböden).*
*6 x 90 cm lange Gewindestangen mit 12 mm Durchmesser, 12 dazu passende Hutmuttern und 8 Muttern. 12 Unterlegscheiben mit 4,5 cm Durchmesser, Acryllack in Schwarz, Rot, Blau und Gelb.*
WERKZEUG: *Schraubenschlüssel, Holzbohrer mit 12 mm Durchmesser und Bohrmaschine, 2 Schraubzwingen, Maßstab, Flachpinsel.*

**1. Seitenteile bohren**

Die Bohrungen für die Gewindestangen mit jeweils 8 cm Abstand zu den seitlichen Kanten, 11,9 cm zur unteren Kante und jeweils 37,5 cm Abstand zueinander auf einem Seitenteil aufzeichnen. Beide Teile bündig aufeinander legen und mit Schraubzwingen zusammenhalten. Löcher durch beide Seitenteile bohren.

**2. Seitenteile und Böden lackieren**

Die Seitenteile in Schwarz, die Innen- und Außenböden in Gelb, Rot und Blau lackieren.

**3. Turm montieren**

Seitenteile aufstellen (geht am besten zu zweit) und die Gewindestangen durchstecken. Als Abstandhalter zwischen die Seitenteile die Regalböden auf die Gewindestangen legen. Über die unteren vier Gewindestangen Unterlegscheiben und Muttern bis zur Seitenwand aufschrauben und fest anziehen, dabei die überstehenden Gewindestangen beidseitig in gleicher Länge ausrichten. Auf die oberen Stangen die Außenbretter legen, auf die Gewindestangen Unterlegscheiben stecken und mit Hutmuttern befestigen. Die übrigen Hutmuttern auf die Enden der anderen Gewindeschrauben schrauben.

## ▶ GARDEROBE
**von Seite 67**

MATERIAL: *Für die Garderobe 2 verchromte Teleskopstangen, Kleiderstange und 2 Ablagebretter, Abstandhalter in entsprechenden Längen. Für den Hakenbaum eine Teleskopstange und mehrere Haken, Abstandhalter in entsprechender Anzahl und Länge (Teleskop-Bausystem gibt es in Einrichtungshäusern).*

**1. Garderobe bauen**

Je einen kurzen Abstandhalter über die Teleskopstangen schieben, darüber das Ablagebrett, dann je zwei lange Abstandhalter, die Garderobenstange, je einen kurzen Abstand und erneut ein Ablagebrett aufschieben. Die Garderobe senkrecht aufstellen und mit den Teleskopstangen zwischen Decke und Boden festklemmen.

**2. Hakenbaum bauen**

Einen langen Abstandhalter auf die Teleskopstange schieben, dann im Wechsel je einen Haken und kurzen Abstandhalter. Hakenbaum zwischen Decke und Boden klemmen.

# ERST REGAL, DANN SCHRANK

**BAROCKRAHMEN** (links). Mit Zierleisten aus Kunststoff, türkis bemalt und gold verziert, avanciert das Kellerregal zum feinen Möbel für Bücher und Nippes. *Anleitung Seite 80.*

Schränke hat man nie genug, aber wenn's was Originelles sein soll, kosten sie ein Vermögen. Wie gut, dass sich notfalls auch preiswerte Kellerregale zum Schrank umfunktionieren lassen.

**MIT SAMTVORHANG** (links). Bühnenreif wirkt der Schrank mit rotem Samt und goldenen Troddeln. Dass dahinter ein einfaches Lattengestell aus dem Baumarkt steckt, bleibt im Verborgenen. *Anleitung Seite 80.*

# *Aus eins mach viele*

# DAS SOLL EIN REGAL GEWESEN SEIN?

**VERGITTERT.**
Ein Schrank für alles, was Luft braucht. Türen und Seitenteile des einstigen Kellerregals wurden aus Spaliergittern gebastelt.
*Anleitung Seite 80/81*.

**GESTREIFT** (rechte Seite). Eingekleidet in Stoff mit blau-weißen Blockstreifen verbreitet das Ex-Regal im Haushaltsraum Seebad-Atmosphäre.
*Anleitung Seite 81/82*.

# KOMMODEN-SCHAU

**ZWILLINGE.** Egal wie man sie dreht und schiebt – acht Möbelrollen und ein Scharnier spannen die beiden Holzkommoden aus dem Möbelmarkt wie siamesische Zwillinge zusammen. *Anleitung Seite 82.*

**SCHREIBTISCH.** Zwei schlichte Kommoden aus dem Möbelmarkt sind mit einer dicken Glasplatte verbunden. Dekopapier mit Graffitis schmückt die Front. *Anleitung Seite 82.*

**MUSIKALISCH.** Ein Notenblatt, auf dem Kopierer vergrößert, schmückt die Kommodenfront. *Anleitung Seite 82.*

**VARIATIONEN.** Die gleiche Holzkommode macht auch mit anderen Dekoren Furore. Für den Kunstfreund: **MATISSE-MOTIVE.** Fürs Kinderzimmer: **FRÜCHTCHEN.** Für die Küche: **KOCHLÖFFEL.** Ganz elitär: **MESSINGMUSTER UND GOLDKRÖNCHEN.** *Anleitungen Seite 82/83.*

## ► SAMTVORHANG

**von Seite 74**

MATERIAL: *Kellerregal aus Holz (Baumarkt), Spanplatte 19 mm dick (Größe: Regalbreite plus 5 cm mal Regaltiefe plus 2,5 cm), ca. 6 cm hohe Zierleisten (Größe: zweimal in der Tiefe und einmal in der Breite der Spanplatte), 4 gedrehte Metallstangen in Regalbreite (Baumarkt oder Eisenwaren), 4 Kugelfüße, 1 Holzkugel für den Knauf, dunkelroter Acryllack und farblose Lasur, Bastellack in Gold, roter Samt (Menge siehe Anleitung unten), 20 Ringösen mit 11 mm Durchmesser, 3 m Goldkordel, ca. 8 mm Durchmesser, 2 Quasten, Holzschrauben, 8 Kabelschellen.*

WERKZEUG: *Bohrmaschine, Schraubendreher oder Akkuschrauber, Pinsel, Gehrungslade und Feinsäge, Nähmaschine, Schere, Maßstab, Tacker.*

**1. Einzelteile vorbereiten**

Das Regal dunkelrot lasieren, (siehe Infokasten S. 53). Die Enden der Zierleisten in der Gehrungslade im 45-Grad-Winkel auf Gehrung sägen und auf die Vorder- und Seitenkanten der Spanplatte leimen. Mit kleinen Nägeln zusätzlich fixieren. Metallstangen, Zierleisten, Kugelfüße und die Kugel goldfarben lackieren.

**2. Teile an das Regal bauen**

Die Kugelfüße unter die Regalbeine schrauben. Die Spanplatte mit den Zierleisten auf das Regal legen und so ausrichten, dass vorne und an den Seiten jeweils 2,5 cm überstehen. Mit einigen Schrauben von oben fixieren. Die Holzkugel auf dem rechten Regalstollen in ca. 1 m Höhe festschrauben. Zur Befestigung der Eisenstangen Kabelschellen ca. 6 cm über den Regalbrettern auf der Innenseite der Regalstollen festschrauben. Die Eisenstangen in die Kabelschellen schieben.

**3. Samtvorhang nähen und befestigen**

Die Tiefe, Breite und Höhe des Regals vom obersten bis zum untersten Regalbrett ausmessen. In der Breite beidseitig als Nahtzugabe jeweils 3 cm, in der Höhe insgesamt 8 cm dazurechnen.
Die Samtbahnen zuschneiden. Zuerst die Seitenkanten versäubern, dafür den Stoff 1 cm und noch einmal 2 cm auf die linke Seite falten und bügeln (Achtung, zuerst eine Bügelprobe machen, am besten den Samt auf ein Frotteehandtuch legen und von links bügeln!). Die Kanten schmal absteppen, dann die Unterkante 1 cm und noch einmal 5 cm auf die linke Seite falten, bügeln und schmal absteppen. Die obere Kante 2 cm auf die linke Seite bügeln und steppen. Alle drei Vorhangteile nähen. Die Ösen mit 10 cm Abstand zur oberen Kante und mit gleichem Abstand zueinander in die seitlichen Kanten einschlagen. Die oberen Kanten der Samtbahnen am obersten Regalbrett festtackern. Kordeln durch die Ösen fädeln und verknoten, den Vorhang mit einer langen Kordel zur Seite raffen und an der Kugel festbinden. Mit den Quasten dekorieren.

## ► BAROCKRAHMEN

**von Seite 75**

MATERIAL: *Kellerregal aus Holz (Baumarkt), Reliefprofil aus Kunststoff (Baumarkt oder Malerzubehör) ca. 10 cm breit, Länge am Regal abmessen, Klebstoff, dünne Nägel, türkisfarbener Acryllack, Bastellack in Gold.*

WERKZEUG: *Maßstab, Gehrungslade und Feinsäge, Pinsel, Hammer.*

**1. Zierleisten zusägen**

Die Regalbreite und -höhe ausmessen. Zu den Höhen- und Breitenmaßen zweimal die Breite der Zierleiste dazurechnen. Die Zierleisten mit diesen errechneten Längenmaßen in der Gehrungslade im 45-Grad-Winkel auf Gehrung sägen.

**2. Regal streichen und zusammenbauen**

Das Regal und die Profilleisten mit türkisfarbener Dispersionsfarbe oder mit Acryllack streichen. Die Leisten auf die Regalkanten aufkleben und zusätzlich mit Nägeln fixieren. Die erhabenen Stellen des Zierprofils mit Goldfarbe überstreichen.

## ► VERGITTERT

**von Seite 76**

MATERIAL: *Kellerregal aus Holz (Baumarkt), 8 x 2 cm dicke Fichtenholzleisten für die Türrahmen, Gitterspaliere (Baumarkt Gartenabteilung), 4 Scharniere, Holzschrauben, pro Gitterrahmen 4 flache Eisenwinkel, grüner und farbloser Acryllack, Zeichenpapier.*

WERKZEUG: *Maßstab, Tacker, Schraubendreher oder Akkuschrauber, Pinsel, Säge, Lineal, Bleistift.*

**1. Rahmen mit Gitter bauen**

Die Regaltiefe, -breite und -höhe ausmessen. Die Größe der Rahmen und Türen aufzeichnen und die Länge der Rahmenleisten ausrechnen und zusägen. Die Rahmen stumpf durch die Flachwinkel miteinander verbinden. Die Scherengitter gleichmäßig auseinander ziehen und auf die Rückseite der Rahmen auftackern. Seitliche Überstände absägen.

**2. Regal und Türen streichen**

Das Regal mit der grünen Farbe, die Türen und Seitenteile farblos lackieren.

**3. Schrank zusammenbauen**

Die Seitenteile direkt auf die Regalstollen schrauben. Auf die Türen je zwei Scharniere schrauben, diese Scharniere an den Regalstollen festschrauben.

## ► GESTREIFT

**von Seite 77**

MATERIAL: *Kellerregal aus Holz (Baumarkt), gestreifter Baumwollstoff (Menge unten), 4 m weiße Baumwollkordel, 2 weiße Quasten, Klettband mit Klebebeschichtung (Regalbreite plus 2-mal Regaltiefe), Nähfaden, 4 kleine weiße Schraubösen, weißer Acryllack.*

WERKZEUG: *Maßband, Nähmaschine, Pinsel, Tacker.*

**1. Materialbedarf errechnen**

Die Seitenteile und die Breite des Regals ausmessen und mit 2 malnehmen, das ergibt die gesamte Breite der Bahnen. Für die Länge die Regalhöhe abmessen plus 10 cm. Für die glatte Blende die Breite und Tiefe des Regals plus 4 cm und für die Höhe 25 cm berechnen. Stoffbahnen zuschneiden, dabei beachten, dass der Vorhang in der Mitte geteilt wird. Die Bahnen seitlich je nach Stoffbreite stückeln.

**2. Stoffbahnen nähen**

Die Vorhangbahnen zusammennähen, an den senkrechten Kanten den Stoff zweimal je 1 cm auf die linke Seite bügeln und schmal steppen. Die untere Kante 1 cm und nochmal 9 cm nach links falten und bügeln. Schmal absteppen. Die Blende an der Unterkante 1 cm und nochmal 5 cm auf die linke Seite bügeln und steppen, die Seiten- und oberen Kanten jeweils zweimal 1 cm nach links bügeln und steppen. Die oberen Kanten der Vorhangbahnen zweimal mit langer Sticheinstellung im Abstand von 0,5 cm steppen. Die Kanten mit den Reihfäden auf das Regalmaß einreihen. Klettband auf die Reihnaht kleben und zusätzlich feststeppen.

**3. Regal streichen und verkleiden**

Das Regal mit Acryllack weiß streichen. Am obersten Regalbrett seitlich und vorne die zweite Hälfte des Klettbands aufkleben und zusätzlich festtackern. Den Vorhang ankletten. Die Blende an den hinteren seitlichen Regalstollen so festtackern, dass nach oben 2 cm überstehen. Blende flach um das Regal zur anderen Seite führen und am hinteren Stollen mit der Schmalseite festtackern.

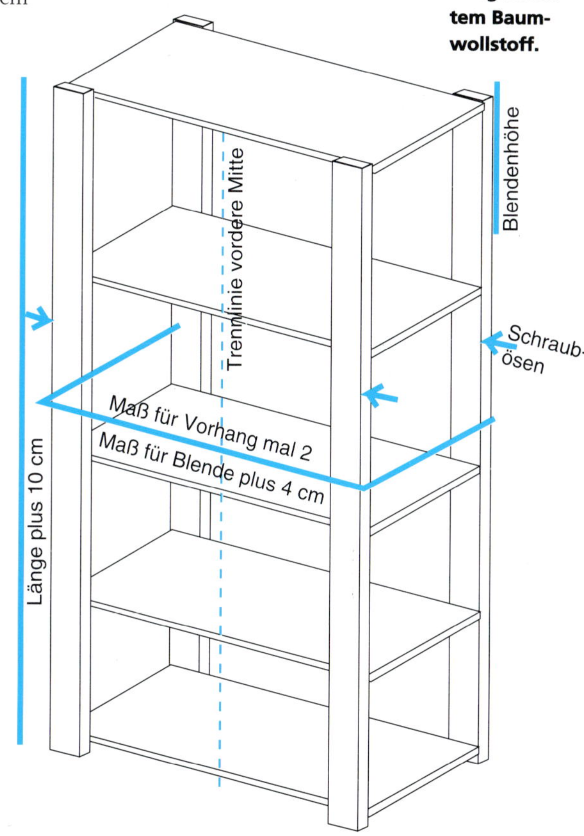


**Schemazeichnung für das Einkleiden des Holzregals mit gestreiftem Baumwollstoff.**

Diese Zugabe rundum auf dem obersten Regalbrett festtackern. In die Regalstollen in ca. 120 cm Höhe durch den Stoff die vier Schraubösen einschrauben. Zwei ca. 160 cm lange Kordelstücke durch die Ösen fädeln und hinten festknoten. An den Enden die Quasten einknoten, den Stoff evtl. mit einer zusätzlichen Kordel zur Seite raffen.

## ▶ ZWILLINGE
**von Seite 78**

MATERIAL: *2 Kommoden aus unbehandeltem Holz, Riemen aus Naturleder, ca. 2,5 cm breit und 2,20 m lang (Schuhmacher), 20 Flachkopfschrauben mit Muttern, Klavierbandscharnier in Länge der Kommodenhöhe, Holzschrauben, 8 kleine Möbellenkrollen, farbloser und dunkelroter Acryl-Mattlack.*
WERKZEUG: *Holzbohrer für die Schrauben und Bohrmaschine, Schere, Pinsel, Lochzange.*

**1. Schublade streichen**
Den Korpus mit farblosem, die Schubladenfronten mit dunkelrotem Acryllack streichen.

**2. Griffe montieren**
Zehn Lederriemen mit je 22 cm Länge zurechtschneiden, an den Enden mit dem Zirkel einen Halbkreis aufzeichnen und abschneiden. Löcher für die Schrauben mit jeweils 2 cm zu den Enden und 1,25 cm zu den Längskanten mit der Lochzange einstanzen. Für die Griffe auf jeder Schublade mittig je zwei Löcher mit 15 cm Abstand zueinander für die Flachkopfschrauben vorbohren. Die Ledergriffe festschrauben, auf der Innenseite mit Muttern fixieren.

**3. Kommode fertig stellen**
Die Möbelrollen mit 2 cm Abstand zu den Kanten unter die Kommoden schrauben. Die Kommoden mit den Stirnseiten bündig zueinander stellen und das Klavierbandscharnier aufschrauben. Kommoden auseinander klappen.

## ▶ SCHREIBTISCH
**von Seite 78**

MATERIAL: *2 Kommoden aus unbehandeltem Holz (Baumarkt), Geschenkpapier mit Graffitimuster, Tapetenkleister, Glasplatte, 10 Schubladengriffe, schwarzer Acryllack.*
WERKZEUG: *Breite Pinsel, Cutter, Lineal.*

**1. Schubladen bekleben**
Die Fronten ausmessen und rundum 3 cm dazurechnen. Geschenkpapier zuschneiden. Die Schubladenfronten mit Tapetenkleister bestreichen und das Papier aufziehen. Die Zugaben an den Kanten zur Innenseite legen und festkleben, dabei die Ecken im 45-Grad-Winkel abschneiden. Die Griffe mittig aufschrauben.

**2. Schreibtisch fertig stellen**
Die Außenseiten mit schwarzem Acryllack streichen. Schubladen einschieben und eine Glasplatte in der gewünschten Größe auflegen.

## ▶ MUSIKALISCH
**von Seite 79**

MATERIAL: *Kommode aus unbehandeltem Holz (Baumarkt), Notenblatt, mahagonifarbene Lasur, Tapetenkleister, Griffe.*
WERKZEUG: *Pinsel, Cutter, Lineal.*
Das Notenblatt mit dem Kopierer so vergrößern, dass es für die gesamte vordere Schubladenfront ausreicht. Vergrößertes Notenblatt für die Schubladenfronten zuschneiden, aber keine Zugaben dazurechnen, sodass sich das Notenblatt über die Schubladen nahtlos fortsetzt. Wie beim Graffiti-Schreibtisch aufkleben. Den Korpus mahagonifarben lasieren und die Griffe anschrauben.

## ▶ VARIATIONEN
**von Seite 79**

MATERIAL: *Acryllack in verschiedenen Tönen, Griffe.*
WERKZEUG: *Pinsel.*

**1. Kommode mit Matisse-Motiven**

ZUSÄTZLICHES MATERIAL: *Farbiges Tonpapier, Tapetenkleister, Cutter.*
Die Kommode mit blauem Acryllack streichen, aus farbigem Tonpapier Matisse-Motive (nach Vorlage rechts) auf dem Kopierer vergrößern, ausschneiden und mit Kleister aufkleben. Nach dem Trocknen mit dem Cutter die Motive entlang der Schubladenkanten vorsichtig durchschneiden und farblos lackieren.

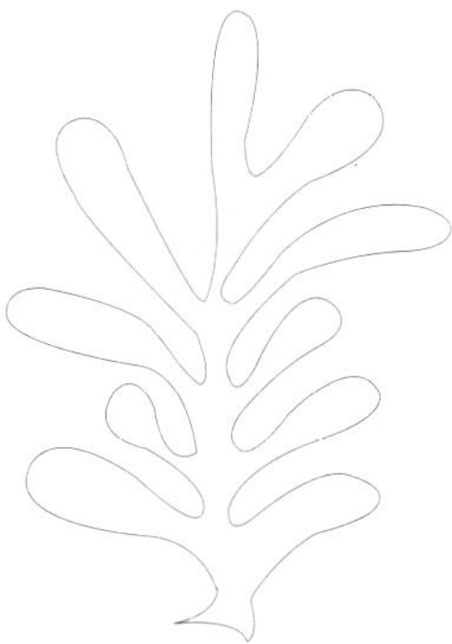

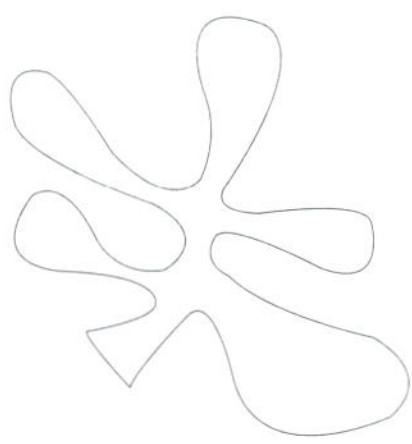

Kopier-Vorlagen für die Kommode mit Matisse-Motiven auf Seite 79.

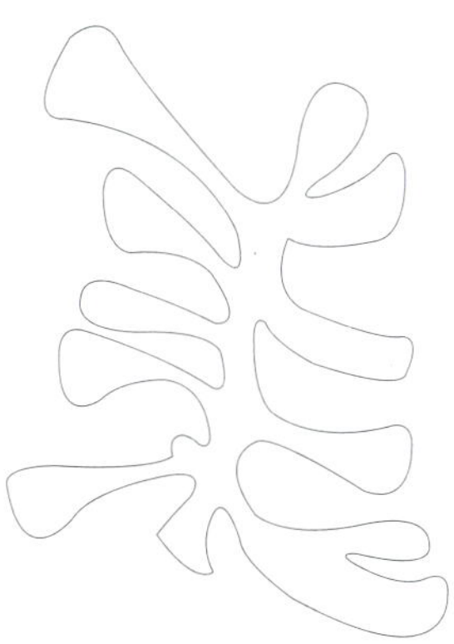

**2. Kommode mit Holzlöffeln**

ZUSÄTZLICHES MATERIAL: *5 Holzkochlöffel, 10 Ringösen zum Schrauben.*

Den Korpus gelb, die Schubladen rot streichen. Die Ringösen auf die Fronten aufschrauben und die Kochlöffel durchschieben.

**3. Kommode mit goldenen Krönchen**

ZUSÄTZLICHES MATERIAL: *5 vergoldete Griffe in Kronenform.*

Die Kommode royalblau streichen und die Griffe aufschrauben.

**4. Kommode mit Früchtchen**

ZUSÄTZLICHES MATERIAL: *Bunte Holzfrüchte (Spielwarenladen), Holzschrauben.*

Den Korpus gelb streichen, die Fronten blau lasieren. Die Holzfrüchte von der Innenseite her festschrauben.

**6. Kommode mit Messingfront**

ZUSÄTZLICHES MATERIAL: *Acryl-Mattlack in verschiedenen Blau- und Grüntönen, 5 verzinkte Ringmuttern, Naturschwamm, Glanzlack in Gold.*

Korpus und Schubladen in Grün deckend streichen. Mit dem Schwamm verschiedene Blau- und Grüntöne auftupfen, bis der Eindruck von Grünspan entsteht. Die Kanten abschließend mit Gold betupfen. (Technik zuerst auf einem Holzrest ausprobieren.) Die Ringmuttern goldfarben streichen und als Griffe festschrauben.

## BEIM MALERN UNENTBEHRLICH: KREPP & CO.

Ob es um saubere Kanten geht, wenn an der Wand zwei Farben aneinander grenzen (wie auf Seite 26 zum Beispiel), ob Sie beim Lackieren Streifen freihalten möchten, damit sich ein Muster ergibt (wie auf Seite 26) oder ob Sie einfach nur eine Schablone oder eine Folie fixieren wollen – Sie brauchen auf jeden Fall Kreppband. Inzwischen gibt es raffinierte Krepp-Extras, die die Arbeit noch leichter machen. Hier eine aktuelle Übersicht:

► **Malerkrepp,** der Klassiker, gehört zur Standardausrüstung aller Hobbymaler/innen wie Pinsel und Rollen. Unentbehrlich zum Markieren und Abgrenzen von Farbkanten beim Wände- und Deckenstreichen. Bei guter Qualität ist garantiert, dass die Farbe nicht unter dem Band durchläuft. Und dass nichts zurückbleibt, wenn Sie das Kreppband entfernen.

► **Robustes Abdeckband** ist eine kräftigere Variante, extrem widerstandsfähig und UV-beständig, deshalb auch für Malerarbeiten an Außenwänden geeignet.

► **Maler-Band** für Lacke sorgt dafür, dass die Lackkanten beim Lackieren von glatten Oberflächen nicht nur exakt, sondern auch schön flach werden.

► **Malerkrepp für Rundungen** ist eine ganz besonders hilfreiche Erfindung. Wenn es beim Streichen und Lackieren rundgeht und dabei auch noch eng wird – kein Problem. Der Spezialkrepp für Rundungen ist besonders stark dehnbar und macht jedes Hin und Her problemlos mit.

► **Malekrepp für Fenster** klebt ebenso gut auf Glas wie auf glatten Untergründen rund ums Fenster (auch draußen im Freien). Wie alle guten Kreppbänder hinterlässt er beim Entfernen keine Spuren.

**Malerkrepp gibt es auch speziell zum Abkleben von Fenstern.**

**AUFSATZ.** Ein Bord mit Zackenleiste, passend zum Schrank lasiert, bietet unter und über sich viel Platz für Kleidung, Koffer, Taschen und Hüte.
*Anleitung Seite 90.*

# Stau-Raum

# PLATZ DA!

**BESENKAMMER.** Eine Nische steht leer, aber Platz fehlt für Eimer und Staubsauger? Die Lösung: Türen davorbauen und was Hübsches draufmalen! *Anleitung Seite 91.*

# *schaffen*

Die erste Möglichkeit wäre: mal wieder tüchtig ausmisten. Die zweite: originelle Lückenfüller bauen. Im Flur, im Bad, im Schlafzimmer.

FOR
SALE

# VERSTECKE HINTER LAMELLEN

**FLURSCHRANK** (linke Seite). Die Tür vom breiteren Teil des Flurschranks ruht oder rollt auf einem Möbelrad. Das macht sie leichter beweglich und sieht interessant aus. *Anleitung Seite 91.*

**KLAPP-BÜRO** (oben). Klappe zu, Feierabend! Luftige Lamellentüren sorgen dafür, dass der Arbeitsraum mit einem Handgriff wieder „privat" wirkt. Die Türen gibt's fertig zu kaufen. *Anleitung Seite 92.*

**SCHWINGTÜR.** Wenn zwei Räume getrennt werden, aber doch verbunden bleiben sollen: die Tür herausnehmen und zwei Schwingtürflügel einbauen! Gibt's im Baumarkt fertig zu kaufen.

# IN DIE HÖHE BAUEN

**HOCHBORD.** Stilvoll mit einem Wellenornament geziert und grün lasiert ist diese Ablage für Dinge, die man nicht täglich braucht. *Anleitung Seite 92/93.*

**BETTREGAL.** Hier lässt sich mehr verstauen als in einem gewöhnlichen Nachttisch. Trotzdem bleibt alles griffbereit. *Anleitung Seite 93.*

## ▶ AUFSATZ

### von Seite 84

MATERIAL: *Schrank aus rohem Holz, 2 Teleskopstangen (Sanitärgeschäfte, Baumarkt), beschichtete Spanplatte in Zimmerbreite und Schranktiefe, 2 cm dickes Fichtenleimholz, 12 cm breit, Länge wie Zimmerbreite (bei langen Wänden mehrere zusammensetzen), 2 x 2 cm große Vierkanthölzer, gestreifter Stoff für Vorhänge, einfarbiger Stoff für die Schlaufen, Gardinenband, Dübel und Schrauben, weißer Acryllack und farblose Lasur, dünner Karton.*

WERKZEUG: *Maßstab, Lineal, Bleistift, Schere, Stichsäge, Pinsel, Bohrer und Bohrmaschine, Nähmaschine.*

**1. Ablage ausmessen und bauen**

Den Schrank in die Mitte der Wand rücken. Die Wandbreite und Schranktiefe ausmessen. Mit der halben Breite zwei Spanplatten in Schranktiefe zusägen lassen. An die Vorderkanten der Spanplatten mit ca. 80 cm Abstand zueinander bündig Stuhlwinkel aufschrauben. Zwei Vierkanthölzer in Schranktiefe zusägen und in Höhe der Oberkante des Schranks als seitliche Auflage für das Ablagebrett an die Wand dübeln. Die Spanplatte auf den Schrank und die Vierkanthölzer auflegen und von oben mit Holzschrauben auf dem Schrank und den Vierkanthölzern fixieren.

**2. Zackenleiste sägen**

Auf den Karton einen 36 cm langen und 12 cm hohen Streifen, an einer der Längskanten die Zacken mit 12 cm Breite und 6 cm Tiefe aufzeichnen. Die Zacken übertragen und auf das Fichtenholzbrett aufzeichnen. Mit der Stichsäge die Zacken aussägen. Die Zackenleiste bündig mit der Unterkante des Ablagebretts an den Stuhlwinkeln festschrauben. Die Ritzen zwischen den zusammengesetzten Leisten mit Holzkitt füllen und nach dem Trocknen glatt schleifen. Schrank und Aufsatz weiß lasieren. (Siehe Info-Kasten S. 53)

**3. Materialbedarf für den Vorhang ausrechnen**

Die Teleskopstangen zwischen Schrank und Wand klemmen. Mit dem Maßstab die Länge von der Unterkante der Teleskopstangen bis zum Boden ausmessen. Zu dieser Länge 9 cm für den unteren und 2 cm für den oberen Saum dazurechnen. Die Breite der Teleskopstangen mit 1,5 malnehmen plus 4 cm. Den Stoff entsprechend zuschneiden, in der Breite bei Bedarf stückeln. Für die Schlaufen werden 14 cm breite Streifen benötigt. Für die Länge den Umfang der Teleskopstangen ausmessen und 4 cm dazuzählen. Die Anzahl errechnet sich aus der Breite der Teleskopstangen geteilt durch 12 plus 1.

**4. Vorhang nähen und aufhängen**

An den Seitenkanten den Stoff zweimal je 1 cm auf die linke Seite falten und bügeln. Schmal absteppen. An der Unterkante den Stoff zuerst 1 cm, dann nochmal 8 cm auf die linke Seite falten und bügeln. Schmal absteppen. An der oberen Kante den Stoff 2 cm auf die linke Seite falten und bügeln. Für die Schlaufen 14 cm breite Steifen zuschneiden und entlang der Längskanten 1 cm breit aufeinander steppen. Streifen wenden und bügeln. Die Schlaufen in der vorher berechneten Länge zuschneiden, quer falten und bügeln. Das Gardinenband auf der linken Seite des Vorhangs über den Saum legen und mit Stecknadeln fixieren, dabei die Schlaufen mit 8 cm Abstand zueinander 1 cm tief zwischen Saum und Gardinenband stecken. Mit Nadeln fixieren. Das Gardinenband beidseitig feststeppen, dabei die Schlaufen mitfassen. Gardinenband auf die Breite der Teleskopstange einreihen. Vorhang auf die Teleskopstange schieben.

## ▶ BESENKAMMER

**von Seite 85**

Material: *16 mm dicke Fichtenholzbretter, ca. 15 cm breit (die Länge richtet sich nach der Nischenhöhe, die Anzahl nach der Nischenbreite), 6 je 2 x 6 cm große Vierkanthölzer (Länge entspricht der Türenbreite), 4 Zierbandscharniere, 19 mm dicke, beschichtete Spanplatten für die Innenunterteilung, Kantenumleimer, Stuhlwinkel, Dübel und Schrauben, Holzschrauben, Karton oder Schablonenfolie, Acrylfarbe in Orange, Braun und Grün, Kreppklebeband.*

Werkzeug: *Säge, Schraubendreher, Bohrmaschine und Bohrer, Maßstab, Bleistift, Bügeleisen, Cutter, Stupfpinsel.*

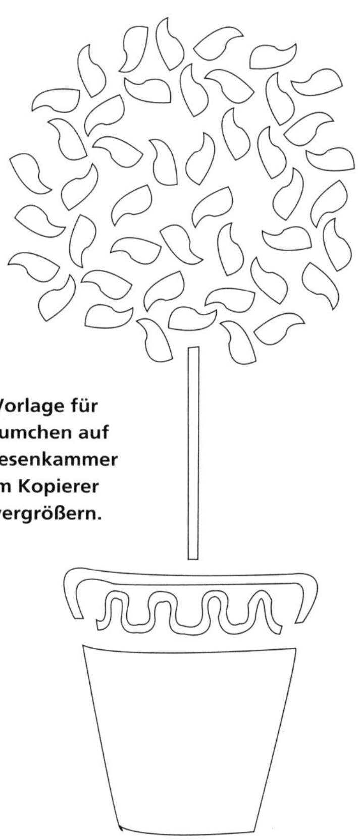

**Schablonen-Vorlage für das Olivenbäumchen auf der Tür der Besenkammer S. 85. Auf dem Kopierer in Türbreite vergrößern.**

**1. Schablone anfertigen**

Die Vorlage mit dem Kopierer vergrößern und eine Schablone vom Topf und der Baumkugel anfertigen (siehe unter Schablonieren auf Seite 24). Der Stamm wird frei Hand als Linie aufgemalt.

**2. Materialbedarf ausrechnen**

Für die Türen die Breite und die Höhe ausmessen. Von der Breite 3 cm abziehen und halbieren. Dieses Maß durch die Breite der Fichtenholzbretter teilen, das ergibt die Anzahl der benötigten Bretter. Für die Innenausstattung am besten eine maßstabgerechte Zeichnung machen und die Unterteilung nach Bedarf einzeichnen. Die Maße der Bretter von der maßstabgerechten Zeichnung abnehmen, in der Tiefe vom Nischenmaß 3 cm abziehen.

**3. Inneneinrichtung bauen**

An den waagerechten Brettern beidseitig je 2 Stuhlwinkel festschrauben. Die vorderen sichtbaren Kanten aller Bretter mit Kantenumleimer bekleben. Die waagerechten Bretter am Mittelbrett festschrauben. Inneneinteilung aufstellen und durch die Stuhlwinkel an der Wand festdübeln.

**4. Türen bauen**

Die Fichtenbretter für eine Tür bündig nebeneinander legen und drei Vierkanthölzer mit 30 cm Abstand zu den Enden und in der Mitte aufschrauben. Tür umdrehen und zwei Zierbandscharniere auf der Vorderseite aufschrauben. Türgriff aufschrauben. Die Tür aufstellen, dabei 2 cm hohe Klötzchen (von den Vierkanthölzern) unterlegen und die Scharniere an der Wand festdübeln.

**5. Bäumchen schablonieren**

Die Schablone mit Malerkrepp auf der Tür fixieren und mit den Acrylfarben ausstupfen.

## ▶ FLURSCHRANK

**von Seite 86**

Material: *19 mm dicke Spanplatte und Kantenumleimer oder MDF-Platten, Maße nach Raummaß, Lochblech für die Türen (Branchenbuch Blechwaren) Möbelrolle (Baumarkt), 3 Scharniere, 3 große Stuhlwinkel, Holzleisten für die Ablage, Kleiderstange mit Wandbefestigung, Bügelgriff, Holzschrauben, Dübel und Schrauben.*

Werkzeug: *Stichsäge, Bohrmaschine und Bohrer, Pinsel, Bügeleisen.*

Eine saubere Sache: Malerfolie, die bereits mit Klebeband versehen ist (Abb. 1). Beim Abreißen hinterläßt sie keine Spuren und beschädigt auch die Wand nicht (Abb. 2).

1

2

## DIE FOLIE EINFACH ANKLEBEN!

**Eine geniale Idee:** Malerfolie, die schon mit Klebeband versehen ist. Damit wird das mühselige Abdecken vor dem Streichen und Lackieren fast zum Vergnügen. Alles, was vor Staub und Spritzern geschützt werden soll, verschwindet unter durchsichtiger Folie. Als zusätzlichen Schutz hat die Oberfläche der Folie eine Struktur, die herunterlaufende Farbtropfen abbremst. Gibt es für große und kleine Flächen in 260, 140, 55 und 18 cm Breite. (In 18 cm Breite auch als Abdeckpapier.)

**Extra-Tipp:** Zum Verschließen von Rissen, Fugen, Nagel- oder Dübellöchern ein hochelastisches Spezialvlies („Rissbrücke") verwenden. Es erspart umständliches Zuspachteln und braucht nicht zu trocknen, sodass man gleich nach dem Anbringen mit Tapezieren oder Streichen beginnen kann.

**1. Materialbedarf errechnen**

Die Flurecke ausmessen und die Maße auf Papier aufzeichnen. Die Schräge einzeichnen und von der Länge 2 cm abziehen. Dieses Maß für die Türen dritteln. Die vordere Tür bedeckt zwei Drittel, die hintere ein Drittel der Schräge. Die Höhe individuell festlegen. Platten zusägen lassen, die Schräge am Ablagebrett mit der Stichsäge zusägen. Die Kanten glatt schleifen. MDF-Platte farbig streichen, die Kanten der Spanplatten mit Kantenumleimer bebügeln.

**2. Ablage festschrauben**

In der gewünschten Wandhöhe Vierkantleisten an die Wand dübeln. Auf diese Leisten die Ablage legen und von oben mit Schrauben fixieren. Die Kleiderstange ebenfalls andübeln.

**3. Türen befestigen**

Das Lochblech mit kleinen Schrauben auf die Türen schrauben. Die Türen mit Scharnieren verbinden, unter die vordere Tür die Industrierolle schrauben. Die Stuhlwinkel an der rechten Wand andübeln. Die Tür davorstellen (geht am besten zu zweit) und an den Winkeln anschrauben. Den Bügelgriff aufschrauben.

## ▶ KLAPP-BÜRO

**von Seite 87**

MATERIAL: *Lamellentüren, Beschlägesatz für Falttüren (alles im Baumarkt), Acryllack.*

WERKZEUG: *Stichsäge, Schraubendreher oder Akkuschrauber, Bohrer und Bohrmaschine.*

**1. Anzahl der Türen ausrechnen**

Die Wandbreite ausmessen und durch die Breite der Türen (40 bzw. 50 cm) teilen. In der Höhe können die Türen einfach abgesägt werden. Falls das Maß nicht aufgeht, den Rest mit einer Fichtenholzleiste abdecken.

**2. Türen befestigen**

Den Beschlägesatz für Falttüren nach der Bauanleitung des Herstellers (im Baumarkt beraten lassen, da es auf Anzahl der Türen und das Gewicht ankommt) andübeln und die Lamellentüren mit den Scharnieren verbinden. Türen auf Wunsch farbig streichen.

## ▶ HOCHBORD

**von Seite 88**

MATERIAL: *19 mm dickes Fichtenholz, ca. 12 cm breit, zweimal in der Länge der Wandbreite, Holzschrauben, Stuhlwinkel, Dübel und Schrauben, farbige Holzlasur oder Acryllack, Holzkitt, Schleifpapier, dünner Karton.*

WERKZEUG: *Maßstab, Stichsäge, Bohrmaschine und Bohrer, Bleistift, Lineal, Wasserwaage.*

**1. Wellen aufzeichnen**

Auf Karton einen 12 cm breiten Streifen aufzeichnen. Eine ca. 6 cm breite Welle (nach der Vorlage auf S. 93 oben) auf dem

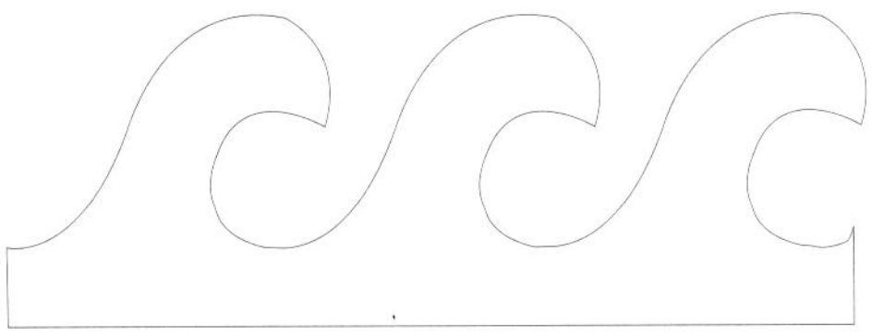

**Vorlage für die Welle am Hochbord fürs Bad. Auf dem Kopierer vergrößern. Beim Aufzeichnen auf das Brett immer wieder aneinandersetzen.**

Kopierer vergrößern und ausschneiden. Diese Welle auf dem restlichen Streifen wiederholen. Wellenkante ausschneiden und auf das Fichtenbrett aufzeichnen. Mit der Stichsäge aussägen, die Kanten schleifen.

**2. Bord zusammenbauen**

Das Wellenbrett auf das zweite Fichtenbrett bündig aufleimen und mit Schrauben fixieren. Die Schraublöcher mit Holzkitt füllen und nach dem Trocknen glatt schleifen. An der hinteren Kante bündig Stuhlwinkel festschrauben. Das Bord farbig mit Lasur oder verdünntem Acryllack lasieren.

**3. Bord befestigen**

Das Bord mit der Wasserwaage über dem Spiegel oder Fenster ausrichten und die Löcher für die Dübel durch die Stuhlwinkel anzeichnen. Löcher bohren, Dübel einstecken und das Bord mit Schrauben befestigen.

## BETTREGAL

**von Seite 89**

MATERIAL: *15 mm dicke und 25 cm breite Multiplexplatten, die Länge richtet sich nach der Bettgröße, Holzschrauben, Schleifpapier, Zeichenpapier.*

WERKZEUG: *Schraubendreher, dünne Bohrer und Bohrmaschine, Lineal, Bleistift, Maßstab.*

**1. Materialbedarf errechnen**

Die Breite des Betts (siehe unten) maßstabgerecht aufzeichnen. Die Umrandung aufzeichnen; sie ist ca. 80 cm höher als das Bett, die seitlichen Fächer sind 25 cm breit. Anhand der Zeichnung den Materialbedarf ausmessen und im Baumarkt zusägen lassen.

**2. Regal bauen**

Zuerst die seitlichen Regale bauen, dafür die waagerechten Bretter zwischen die hohen äußeren und niedrigeren inneren senkrechten Bretter von außen schrauben. Vor dem Schrauben die Löcher mit dünnem Bohrer anbohren, dann reißt das Holz nicht. Das breite waagerechte Brett über dem Bett auf die seitlichen Regale auflegen. Von oben auf den inneren senkrechten und von außen auf den äußeren senkrechten Brettern festschrauben. Die senkrechten Unterteilungen unter das oberste waagrechte Brett schrauben. Dieses Brett auf das Regal legen. Die senkrechten Unterteilungen von unten, das waagerechte Brett von außen festschrauben.

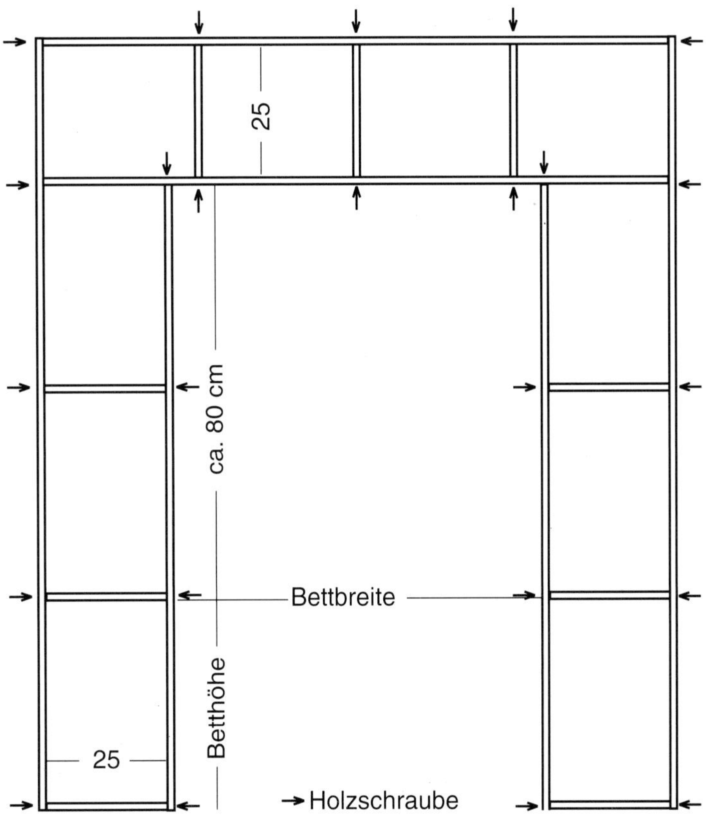


**Anhand dieses Bauplans den Materialbedarf berechnen.**

# EINFACHE ÜBERZIEHER

**DRAPIERT.** Sessel mit abgenutzem Bezug und intakter Polsterung kann man mit großen, einfarbigen Tüchern dekorativ verhüllen. Besonders effektvoll in Räumen mit Loft-Atmosphäre. *Anleitung Seite 100.*

**VERKNOTET.** Ein fertig gekauftes oder selbst gesäumtes Tuch wird so über den Sessel gelegt, dass es seitlich bündig abschließt, aber vorn und hinten übersteht. Den Stoff um die Sitzflächen herum fest in die Ritzen stecken, den Überstand vorn und hinten verknoten.

Ausrangierte Sessel und Stühle wieder besitzbar zu machen, das hat seinen ganz besonderen Reiz. Die Möglichkeiten reichen vom dekorativen Verhüllen bis zum Aufpolstern in Profitechnik.

# *gelegenheiten*

# BUNT BEMALT WERDEN

**MUSTERMIX.** Streifen, Karos, Kringel, Blumen – kein Stuhl ist wie der andere und doch passen sie wunderbar zusammen. Alte Lackschichten vorher gründlich entfernen. *Anleitung Seite 100.*

**VIELFARBIG.** Wer eine Reihe gleicher Stühle besitzt, erbt oder auf dem Flohmarkt findet, braucht nur ein paar Töpfe Farbe, um eine interessante Stuhl-Galerie daraus zu machen!

# HINGUCKER DRAUS

**NAMENTLICH.** Hübsches Geschenk für ein lustiges Pärchen: zwei alte Stühle in Kontrastfarben streichen. Jeweils mit der Farbe des anderen Stuhls die Vornamen der neuen Besitzer aufpinseln. Mit Buchstabenschablonen geht das ganz leicht. *Anleitung Seite 100.*

# LIEBEVOLL AUFGEPOLSTERT

**NOSTALGISCH.** Die Gestelle von drei stilverwandten Stühlen in matten Pastellfarben lasieren (siehe Info-Kasten Seite 53) und die Polster mit Stoffen in ähnlichen Nuancen neu beziehen. Vor einer passend gestrichenen Wand ein hinreißend nostalgisches Ensemble. *Anleitung fürs Polstern im Info-Kasten Seite 101.*

**GEBLÜMT.** Frisch gepolstert und mit rosengeblümtem Chintz überzogen gewinnt so ein Erbstück seinen Charme zurück. *Polster-Anleitung im Info-Kasten Seite 101.*

**GESTREIFT.** Glänzend schwarz lackiert kommt die Schnitzerei an dem alten Bauernmöbel doppelt gut zur Geltung. Interessanter Kontrast: der plakative Streifenbezug. *Anleitung Seite 100/101.*

**ROKOKO.** Gold-weiß gestreifter Stoff für Polster und Lehne passt sich dem Stil an. Die weiß lackierten Holzteile erhalten durch Schlagmetall den Antik-Look. *Anleitung Seite 101.*

**Schablonen-Vorlage für die Rose auf dem mittleren Stuhl S. 96. Auf dem Kopierer vergrößern.**

## ▶ DRAPIERT

**von Seite 94**

MATERIAL: *140 cm breiter Stoff, die Länge richtet sich nach der Sesselgröße, Wollrest, Nähfaden.*

WERKZEUG: *Maßband, Schere, Nähmaschine.*

**1. Sessel ausmessen**

Einen Wollfaden auf der Rückseite des Sessels vom Fußboden über die Lehne und den Sitz bis zum Fußboden auf der Sesselvorderseite legen und abschneiden. Einen zweiten Faden vom Fußboden am Seitenteil über die Armlehne zum Sitz und die zweite Armlehne bis zum Fußboden legen. Jeden Faden ausmessen und 80 cm dazurechnen, diese Maße entsprechen den Deckenmaßen.

**2. Materialbedarf errechnen**

Sollte die Breite der Decke unter 280 cm liegen, ist die doppelte Deckenlänge nötig. Liegt die errechnete Breite über 280 cm, braucht man die dreifache Deckenbreite.

**3. Decke nähen**

Bei einer Breite bis 280 cm den Stoff quer halbieren und entlang der Längskanten zusammennähen. Die Außenkanten zweimal je 1 cm nach links bügeln und schmal absteppen. Bei einer Breite über 280 cm die Stofflänge dritteln und alle drei Teile an den Längskanten zusammennähen. Die Außenkanten wie oben beschrieben versäubern.

## ▶ MUSTERMIX

**von Seite 96**

MATERIAL: *Alte Küchenstühle aus Holz, Acryllack in Türkis, Pink, Apfelgrün, Gelb, Blau und Orange, Schleifpapier, Abbeiz-Gel, Maler-Band für Lacke.*

WERKZEUG: *Schleifblock oder Schleifgerät, Pinsel.*

**1. Alten Lack entfernen**

Alte Lackschichten mit Abbeiz-Gel entfernen, zusätzlich schleifen (Siehe Info-Kasten S. 50)

**2. Stühle lackieren**

Die Beine, Lehnen und Rückenleisten in verschiedenen Farben streichen. Für das Streifenmuster Maler-Band in Abständen aufkleben, die genau der Breite des Klebebandes entsprechen. Die Fläche dazwischen mit einer Farbe ausmalen. Maler-Band abziehen und neues Maler-Band auf den inzwischen getrockneten farbigen Streifen aufkleben, die freigewordene Fläche in einer Kontrastfarbe lackieren. Das Karomuster auf dem linken Stuhl mit Lineal und Bleistift aufzeichnen und jedes Quadrat einzeln ausmalen. Für das Karomuster des rechten Stuhls zuerst senkrechte Streifen in verschiedenen Breiten aufmalen. Nach dem Trocknen die Bänder über den schmäleren Streifen kleben lassen, die anderen abziehen. Neues Maler-Band rechtwinklig versetzt zu den Streifen darüber kleben. Einzelne Quadrate in einem anderen Farbton ausmalen. Für den Stuhl in der Mitte nach dem Malen der Streifen zusätzlich eine Schablone nach der Vorlage links herstellen (siehe Info-Kasten S. 24) und über dem Streifenmuster ausmalen.

## ▶ NAMENTLICH

**von Seite 97**

MATERIAL: *Alte Küchenstühle, Acryllack, Buchstaben-Schablonen aus Metall („Kistenschrift" aus dem Grafikerbedarf), Malerkrepp, Schleifpapier, Papier.*

WERKZEUG: *Pinsel, Bleistift.*

**1. Stuhl lackieren**

Alten Lack mit Schleifpapier oder Schleifmaschine abschleifen. Die Stühle rundum mit Acrylfarbe zweimal streichen.

**2. Schrift schablonieren**

Die Größe der Lehne auf Papier skizzieren und die Verteilung der Buchstaben ausprobieren. Verteilung auf der Lehne mit Bleistift markieren. Die Buchstabenschablone mit Malerkrepp auf der Lehne fixieren, Buchstaben ausmalen, die Farbe trocknen lassen und den nächsten Buchstaben aufsetzen.

## ▶ GESTREIFT

**von Seite 99**

MATERIAL: *Siehe Kasten „Ein neues Polster für alte Stühle", zusätzlich: schwarzer Acryllack.*

WERKZEUG: *Schere, Tacker, Pinsel, Schleifpapier.*

**1. Stuhl lackieren**

Alte Lackschichten abschleifen. Mit schwarzem Acryllack zweimal streichen.

**2. Sitz beziehen**

Den Sitz mit dem Streifenstoff neu beziehen wie unter „Ein neues Polster für alte Stühle" (Kasten rechts) beschrieben. Dabei darauf achten, dass die Streifen rechtwinklig zur vorderen Sitzkante verlaufen.

## ► ROKOKO

**von Seite 99**

MATERIAL: *Siehe Kasten „Ein neues Polster für alte Stühle", zusätzlich: weißer Acryllack, Schlagmetall, Anlegemittel.*

WERKZEUG: *Schere, Tacker, Pinsel, Schleifpapier, weiche Bürste.*

**1. Stuhl vergolden**

Die alten Lackschichten abschleifen und den Stuhl mit weißem Acryllack streichen. Nach dem Trocknen Anlegemittel mit dem Pinsel auftragen. Ist das Anlegemittel fast berührtrocken, das Schlagmetall mit der Fingerkuppe auf die bestrichenen Flächen legen. Mit einem weichen Pinsel andrücken. Alle Rahmenteile des Stuhles mit Schlagmetall bekleben, dabei dürfen ruhig weiße Stellen des Lacks sichtbar bleiben. Zum Schluss die überstehenden Reste des Schlagmetalls mit der weichen Bürste abbürsten.

**2. Sitz und Lehne beziehen**

Den Sitz beziehen wie rechts beschrieben, dabei darauf achten, dass die Streifen rechtwinklig zur vorderen Sitzkante verlaufen. Den Stoff für die Lehne rundum 5 cm größer zuschneiden als den ursprünglichen Bezug. Entlang der Kanten einschlagen und mit dem Antackern an den gegenüberliegenden Seiten beginnen. Über die Tackernadeln eine Kordel kleben.

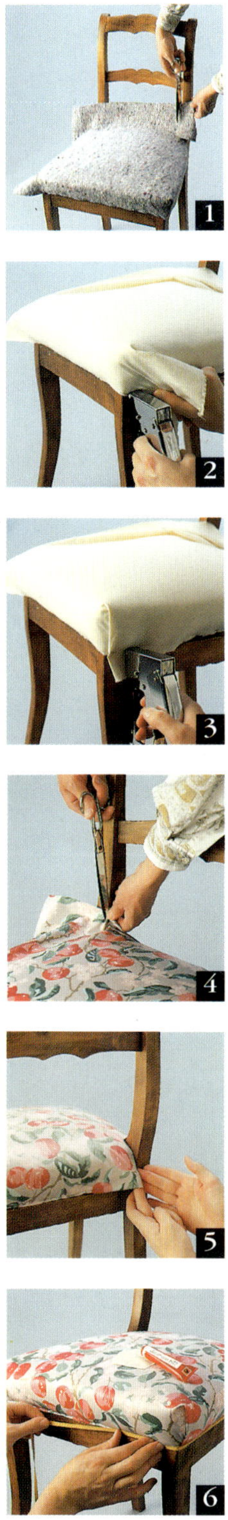


**Ein Stuhlpolster neu beziehen – step by step. Näheres im Text rechts.**

## EIN NEUES POLSTER FÜR ALTE STÜHLE

MATERIAL: *Polstervlies, Polsterstoff, Nessel, Borte oder Kordel, Stoffkleber, Tackerklammern (alles vom Polsterer oder Kurzwaren und Baumarkt).*

WERKZEUG: *Schere, Tacker.*

**► Alten Bezug abnehmen**

Den alten Bezug abnehmen, dabei darauf achten, dass der Zuschnitt in seiner ursprünglichen Form erhalten bleibt. Das darunter liegende Polstervlies entfernen, das Grundpolster des Stuhls bleibt erhalten. Neues Polstervlies in der Größe des alten Bezugs zuschneiden. Über den Sitz legen und die Ecken so herausschneiden, dass sich das Vlies glatt über den Sitz legen läßt (Abb. 1).

**► Nesselbezug aufziehen**

Den Nesselstoff als Rechteck zuschneiden, es soll rundum ca. 10 cm größer sein als der ursprüngliche Bezug. Nessel mittig über den Sitz legen. Mit dem Antackern des Stoffs in der vorderen Mitte beginnen und seitlich bis zu den Ecken fortsetzen. Dann den Nessel straff über den Sitz spannen und an der hinteren Kante antackern. Die seitlichen Kanten genauso arbeiten, dabei aber ca. 10 cm vor den Ecken aufhören (Abb. 2).

**► Ecken arbeiten**

Den überstehenden Stoff an der vorderen und hinteren Sitzkante bis dicht an die Tackerklammern abschneiden. Die vorderen Stoffecken über die Sitzecke zur Seite hin ziehen und festtackern. Die dadurch entstehende Stofffalte an der Seite glatt falten und bis zur Ecke hin antackern. Alle Ecken auf diese Weise arbeiten. Die Stoffzugaben unterhalb der Tackerklammern an den Seiten bis dicht an die Klammern zurückschneiden (Abb. 3).

**► Bezugsstoff antackern**

Den Bezugsstoff ca. 10 cm größer zuschneiden als den ursprünglichen Bezug. Bezug an der vorderen Kante einschlagen und antackern, anschließend straff spannen und an die hintere Kante tackern. In den Ecken den Stoff an der Lehne vorsichtig einschneiden, lieber anfangs etwas zu wenig und dafür öfter nachschneiden (Abb. 4). Stoff an der Lehne einschlagen und seitlich antackern (Abb. 5). Beim Antackern des Bezugsstoffs darauf achten, dass die Klammern alle auf einer Linie sitzen.

**► Klammern abdecken**

Um die Tackerklammern zu verdecken, rundum eine Borte oder Kordel mit Stoffkleber über die Tackerklammern kleben (Abb. 6).

# Vorhang-Parade

Ob als theatralisch drapierte Fenster-Deko, als blütenzarte Gardine oder als extravagantes Rollo, ob ganz edel in Weiß oder leuchtend bunt: Vorhänge sind Stimmungsmacher in jeder Wohnung. Diesen Effekt sollte man nutzen.

**VARIATIONEN.** Ein neuer Trend: Vorhänge nicht mehr an Stange oder Schiene laufen lassen, sondern raffiniert vors Fenster drapieren. Mit zwei Stoffbahnen aus Schleiernessel oder Voile (oder zwei Bettlaken!) lassen sich tolle Effekte erzielen. *Anleitungen auf Seite 110.*

## SCHÖN VERSCHLEIERT

**ANGEKLAMMERT.** Luftige Variante südländischer Perlschnur-Vorhänge: Bunte Bänder aus dem Kurzwarenladen, passend zugeschnitten, unten und oben gesäumt und mit bunten Wäscheklammern an eine Schnur vors Fenster geklippst.

**BOTANISCH.** Diese duftige Organza-Gardine hat es in sich: ein Sammelsurium von gepressten Blättern und Blüten, die in aufgenähten Taschen stecken. Zum Waschen kann die florale Pracht herausgenommen werden.
*Anleitung Seite 104.*

# MIT BLICK NACH DRAUSSEN

**GESTICKT.** Auch eine alte Tischdecke mit besonders schöner Stickerei lässt sich dekorativ vors Fenster spannen. Wenn sie nicht groß genug ist, einen Rand aus ähnlich feinem Stoff drumherum nähen.

**KINDER-ROLLO.** Jeden Abend, wenn das Rollo heruntergezogen wird, ist Nachhilfestunde für Abc-Schützen. Die Worte sind eigenhändig aufgemalt und im Kinderstil illustriert. *Anleitung Seite 111.*

# FARBE ANS FENSTER!

**THEATRALISCH.** Für Fans dramatischer Szenerien ist die pompöse Fensterumrahmung im Stil der Jahrhundertwende gedacht. Schön dazu: Möbel in coolem Design.
*Anleitung Seite 111.*

**SONNIG** (rechts). Und wenn es draußen noch so trüb ist: die orangerote Wand und der in mehreren Nuancen selbst eingefärbte Nesselvorhang verbreiten gute Laune.
*Anleitung Seite 111/112.*

To

# DURCHBLICK ERWÜNSCHT

**TRANSPARENZ.** Das durchsichtige Rollo schützt vor blendendem Licht und neugierigen Blicken, macht aber nicht dunkel. *Anleitung Seite 112/113.*

**VORHANG-ERKER** (links). Der voluminöse Voilevorhang ragt in den Raum und bildet eine romantische Kuschelecke. Fröhliche Farbtupfer: Aufhängeschlaufen aus bunten Bändern. *Anleitung Seite 112.*

**STREIFEN-ROLLO.** Extravagante Lösung für ein Fenster in der Dachschräge. Damit das Rollo läuft wie geschmiert, werden jeweils zwei Streifen zusammengenäht. *Anleitung Seite 113.*

## ▸ VARIATIONEN

**von Seite 102 –103**

MATERIAL: *Für alle Deko-Variationen brauchen Sie 2 große Bettlaken oder 2 gesäumte Stoffbahnen aus Schleiernessel oder Voile in gleicher Größe, dazu 8 Gardinenklammern und Wäscheknöpfe oder Sicherheitsnadeln. Damit der Vorhang schön üppig fällt, sollte jede Bahn mindestens 60 cm breiter und länger sein als das Fenster.*

Bei allen Varianten werden die beiden Vorhangteile mit einer Ecke nach vorn über die Gardinenstange gehängt, sodass vor der Stange zwei gleich große Dreiecke herunterhängen. Zum Fixieren die Gardinenklammern gleichmäßig verteilt über Stoff und Stangen klemmen.

**Abb. 1** Als dekorativen Mittelpunkt die beiden hinter der Stange herabhängenden Stoffecken miteinander verknoten.

**Abb. 2** Die hinten herabhängenden Stoffecken auf der Innenseite zu den Spitzen der Dreiecke umklappen und mit Wäscheknöpfen aufeinander nähen.

**Abb. 3** Beim Drapieren die Stoffdreiecke vorn etwas weniger weit herunterziehen. Die hintere Stoffbahn an der Innenseite so nach außen ziehen und mit Sicherheitsnadeln fixieren, dass die Kanten im rechten Winkel hängen.

**Abb. 4** Die beiden unten hängenden Stoffecken nach oben nehmen und mit den Spitzen der beiden Dreiecke verknoten.

**Abb. 5** Die oberen hinteren Stoffecken in der Mitte mit einem Wäscheknopf aufeinander nähen.

## ▸ BOTANISCH

**von Seite 104**

MATERIAL: *Organza, Stoffmenge ungefähr in doppelter Höhe des fertigen Vorhangs, gepresste Blüten und Blätter, Nähfaden, Karopapier.*

WERKZEUG: *Maßband, Lineal, Bleistift, Nähmaschine.*

**1. Zuschnitt aufzeichnen**

Das Fenster ausmessen. Das gewünschte Endmaß des Vorhangs mit Überständen an den Seiten und unten im Maßstab auf Papier aufzeichnen. Rundum einen Rand von 9 cm aufzeichnen. Das Mittelteil in waagerechte Felder mit ca. 25 cm Abstand einteilen. Die waagerechten Streifen in versetzte senkrechte Felder einteilen. Für jedes Feld in der Breite 2 cm dazurechnen, daß heißt: hat ein waagerechter Streifen mit Endlänge 100 cm fünf senkrechte Unterteilungen, so muss der Streifen 110 cm lang zugeschnitten werden. In der Höhe pro waagerechtem Streifen 2 cm Nahtzugabe dazurechnen. Die seitlichen Randstreifen sind 20 cm breit, die Länge richtet sich nach dem Endmaß des Mittelteils plus 2 cm. Die oberen und unteren Randstreifen sind ebenfalls 20 cm breit, für die Länge zur Breite des Mittelteils 20 cm dazurechnen. Die Schlaufen für die Aufhängung mit ca. 30 cm Abstand zueinander einzeichnen, der Zuschnitt pro Schlaufe beträgt 10 x 24 cm. (Alle Angaben inkl. 1 cm Nahtzugabe).

**2. Senkrechte Unterteilungen nähen**

Am untersten Streifen die senkrechte Unterteilung markieren und entlang dieser Markierung einen Bruch bügeln. Den Bruch 1 cm breit absteppen. Von der Stepplinie aus den Abstand bis zur nächsten Unterteilung messen, den Bruch bügeln und 1 cm breit absteppen. Alle waagerechten Streifen senkrecht unterteilen. Die abgesteppten Brüche alle zu einer Seite bügeln und entlang der Bruchkante schmal absteppen.

**3. Waagerechte Streifen zusammennähen**

Alle Streifen mit einer Kappnaht verbinden. Dafür den ersten mit dem zweiten Streifen rechts auf rechts legen, sodass die Kante des unten liegenden Streifens 1 cm hervorschaut. Die Naht 1 cm breit steppen. Die überstehende Nahtzugabe 1 cm breit über die kürzere klappen und bügeln. Entlang des gebügelten Bruchs schmalkantig aufsteppen.

**4. Randstreifen nähen**

Alle vier Randstreifen links auf links entlang der Längskanten aufeinander legen und den Bruch bügeln, wieder auseinander falten. Den senkrechten Randstreifen rechts auf rechts auf das Mittelteil legen und die Naht 1 cm breit steppen. Die offene Längskante 1 cm nach innen bügeln, über die Ansatznaht auf der linken Seite stecken und schmalkantig absteppen. Den zweiten Längsstreifen genauso aufsteppen. Die Querstreifen genauso aufsteppen; sie fassen gleichzeitig die offenen Kanten der Längsstreifen ein. Die offenen Schmalseiten der Querstreifen zum Schluss 1 cm breit nach innen bügeln und aufeinander nähen.

**5. Taschen aufnähen**

Für die Taschen den Blättern und Blüten entsprechend große

Rechtecke zuschneiden, an allen Kanten 1 cm für die Naht zugeben. Die Nahtzugaben auf die linke Seite bügeln. An der Oberkante schmal feststeppen, an den Seiten und der Unterkante auf dem Vorhang aufnähen.

**6. Schlaufen nähen**

Die Streifen für die Schlaufen längs rechts auf rechts legen und an einer Quer- und Längskante 1 cm breit absteppen. Schlaufen wenden und bügeln. Schlaufen 1 cm tief mit gleichem Abstand zueinander auf der Oberkante des Vorhangs feststecken. Das geschlossene Ende darüber legen und feststeppen.

## ▶ KINDER-ROLLO

**von Seite 105**

MATERIAL: *Fertiges weißes oder naturfarbenes Rollo aus Stoff, Stoffmalstifte und evtl. auch Stoffmalfarben in verschiedenen Farben. Schnittpapier in der Größe des Rollos.*
WERKZEUG: *Bleistift, Lineal, Pinsel, Bügeleisen, schwarzer Filzstift.*

**1. Motive aufzeichnen**

Auf das Papier kindliche Motive in Wort und Bild aufschreiben bzw. aufzeichnen. Dabei Worte mit Anfangsbuchstaben in der Reihenfolge des Abc auswählen. Für gleichmäßige Abstände sechs waagerechte Linien ziehen. Auf die erste Linie z. B. Auto, Blume, Clown und Dino, auf die zweite Eisenbahn, Fisch, Gans und Haus, auf die dritte Igel, Johannisbeeren, Katze, Lolly und Mond, auf die vierte Nikolaus, Omnibus, Pilz und Quietschentchen, auf die fünfte Rad, Sonne, Teddybär, Uhu und Vase, auf die letzte Wagen, Xylophon, Ypsilon und Zebra schreiben und malen. Als Vorlagen evtl. Kinderbücher zur Hilfe nehmen. Die Motive mit Transparentpapier abnehmen, ausschneiden und die Umrisse aufzeichnen. Alle Konturen und Wörter mit schwarzem Filzstift nachziehen, unter das Rollo legen und mit Bleistift auf das Rollo übertragen.

**2. Motive ausmalen**

Mit verschiedenfarbigen Textilstiften die Wörter schreiben und die Konturen der Motive nachziehen. Die Flächen entweder mit den Stiften oder mit einem Pinsel und Stoffmalfarbe ausmalen. Farben trocknen lassen und nach Herstellerangaben durch Bügeln fixieren.

## ▶ THEATRALISCH

**von Seite 106**

MATERIAL: *Vorhangstoff in 120 bis 140 cm Breite (Menge siehe unten), 2 Drapierhaken mit Wandbefestigung.*
WERKZEUG: *Bleistift, Maßstab, Bohrmaschine und Bohrer, Schraubendreher, Nähmaschine.*

**1. Vorhanglänge berechnen**

Zum Breitenmaß des Fensters 30 cm, zum Höhenmaß 20 cm dazurechnen und verdoppeln. Beide Längen zusammenrechnen, für die beidseitige Drapierung insgesamt 80 bis 100 cm, für die Überlänge am Boden insgesamt 30 cm dazurechnen. In der Breite genügt die angegebene Stoffbreite. Vorhangbahn rundum zweimal je 1 cm auf die linke Seite bügeln und schmal absteppen.

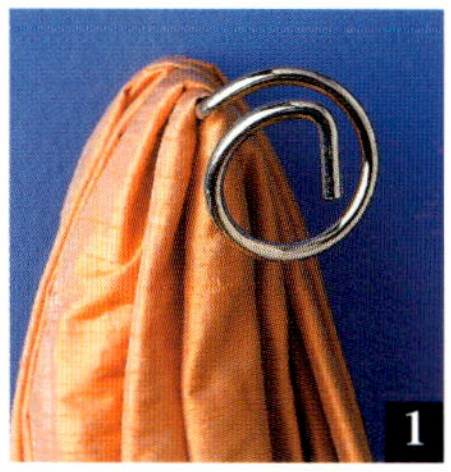

Mit dem Drapierhaken gelingt die bühnenreife Vorhang-Deko für das Fenster.

**2. Drapierhaken befestigen**

Die Lage der Haken 15 cm neben und 20 cm über dem Fenster mit dem Maßstab anzeichnen. Die Haken an die Wand dübeln.

**3. Vorhang drapieren**

Die Vorhangbahn quer zur Hälfte legen und die Mitte mit einigen Stecknadeln markieren. Dann glatt über beide Haken legen (Abb. 1), sodass die Stecknadelmarkierung in der Mitte über dem Fenster liegt. Mit der Hand durch die Öffnung des Hakens greifen und den herabhängenden Stoff ca. 40 bis 50 cm weit durchziehen (Abb. 2). Diese Schlaufe ein zweites Mal um den Haken schlingen, damit der Haken verdeckt ist. Jetzt den Stoff solange zurechtzupfen, bis schöne Falten entstehen. Auf der anderen Seite genauso vorgehen, dabei auf Symmetrie achten.

## ▶ REGENBOGEN-VORHANG

**von Seite 107**

MATERIAL: *Naturfarbener Nessel in 140 cm Breite, Länge richtet sich nach der Fenstergröße, Stofffarben zum Einfärben in der Waschmaschine (Bastelladen oder Drogerie), farbige Gardinenringe, Nähfaden, Gardinenband in Vorhangbreite.*
WERKZEUG: *Maßband, Schere, Nähmaschine, Waschmaschine oder große Schüssel.*

**1. Materialbedarf ausrechnen**

Den Abstand der Vorhangstange bis zum Boden ausmessen und 3 cm dazurechnen. Die 140 cm breiten Stoffbahnen längs halbieren, sodass jede Vorhangbahn 70 cm breit ist. Um die Anzahl der Bahnen zu berechnen, die Länge der Gardinenstange mit 1,5 malnehmen und durch 66 teilen. Die errechnete zur nächsten glatten Zahl aufrunden.

**2. Vorhang nähen**

Alle Vorhangbahnen an den seitlichen und der unteren Kante zweimal je 1 cm auf die linke Seite bügeln und schmal feststeppen. An der oberen Kante 1 cm breit nach links bügeln, das Gardinenband bündig mit der oberen Vorhangkante auflegen und beidseitig feststeppen.

**3. Bahnen einfärben**

Die Farben anhand der Farbtabelle aussuchen. Der Grundton sollte eine Farbe des Zimmers, z.B. die des Teppichbodens oder der Wandfarbe aufgreifen; die übrigen Farben liegen alle auf der Farbskala neben dem Grundton. Die Bahnen nach Herstellerangaben einfärben. Nach dem Trocknen und Bügeln farbige Gardinenringe in das Gardinenband einklipsen und die Vorhänge auf die Gardinenstange schieben.

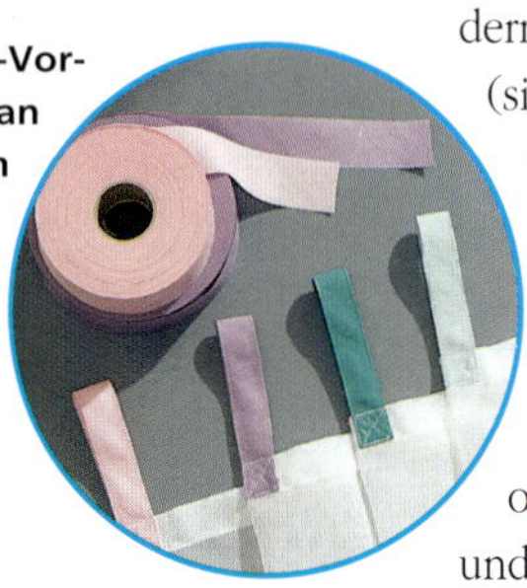

**Der Erker-Vorhang hängt an Satinbändern in verschiedenen Pastellfarben.**

## ► VORHANG-ERKER von Seite 108

MATERIAL: *Weißer Voile (Mengenberechnung siehe unten), 2 cm breite Satinbänder in verschiedenen Pastelltönen, zwei Rundhölzer mit ca. 2 cm Durchmesser, 4 Ringschrauben mit Dübel, Nähfaden, Papier.*
WERKZEUG: *Bohrmaschine und Bohrer, Maßband, Lineal, Geodreieck, Bleistift, Schere, Nähmaschine.*

**1. Materialbedarf ausrechnen**

Die Breite und Höhe des Fensters und die Zimmerhöhe ausmessen und auf Papier maßstabgerecht als An- und Aufsicht aufzeichnen. Die Stangen 5 cm unterhalb der Decke aufzeichnen, darunter mit 4 cm Abstand die obere Vorhangkante. Von dieser Höhe aus die Vorhanglänge bis zum Boden messen und 20 cm dazugeben. In die Aufsicht ein gleichmäßiges Dreieck mittig vor das Fenster zeichnen und davon die Maße für die Rundhölzer zur Aufhängung abmessen. Die Breite der Vorhangschals entspricht der Länge der Rundhölzer mal 1,5.

**2. Vorhang nähen**

Die Vorhangbahnen zuschneiden. Alle Kanten zweimal je 1 cm auf die linke Seite falten, bügeln und schmal feststeppen. Die Schlaufen für die Aufhängung aus Satinbändern 12 cm lang zuschneiden (sie haben einen Abstand von 10 cm zueinander). Die Enden 1 cm zur linken Seite bügeln und die Streifen zur Schlaufe legen. Die umgebügelten Enden 1 cm tief auf die obere Vorhangkante stecken und festnähen.

**3. Vorhang befestigen**

Das Dreieck von der maßstäblichen Zeichnung auf der Decke markieren. Die Ringschrauben 3 cm vor den Enden der Schenkel des Dreiecks in die Decke dübeln. Die Schlaufen der Vorhangbahnen auf die Rundhölzer schieben und die Hölzer durch die Ringschrauben stecken.

## ► TRANSPARENZ von Seite 109

MATERIAL: *2,3 m Organza, 140 cm breit, 4 m transparentes Ringband und 6 m Rolloschnur (Vorhangladen), 1 m Klettband, 2 x 2 cm Vierkantholz (100 cm lang), 1 Rundholz (2 cm Durchmesser, 100 cm lang), 2 Ringschrauben, Schraubhaken, Dübel.*
WERKZEUG: *Maßband, Schere, Bügeleisen, Bohrmaschine, Bohrer.*

**1. Rollo zuschneiden**

Aus Organza ein Rechteck mit 215 x 116 cm und einen Tunnelstreifen 88 x 10 cm groß zuschneiden.

**2. Rollo nähen**

Die beiden seitlichen und die untere Stoffkante zuerst 1 cm, dann nochmal 7 cm auf die linke Stoffseite bügeln. Stoff wieder auffalten. An den beiden unteren Ecken eine Briefecke arbeiten. Dafür den Stoff diagonal rechts auf rechts legen und mit Geodreieck und Bleistift durch den innersten Bügelschnittpunkt einen 45-Grad-Winkel anzeichnen. Entlang dieser Markierung steppen und die Nahtzugabe 1 cm breit zurückschneiden. Die Nahtzugaben auseinander bügeln und die Ecke wenden. Die zweite Ecke genauso arbeiten. Die offenen Blendenkanten seitlich und unten schmalkantig feststeppen. Die obere Rollokante zweimal je 3 cm auf die linke Seite bügeln. Die weiche Hälfte des Klettbands auf die linke Stoffseite über den umgeschlagenen Rand legen und beidseitig schmal feststeppen. Den Tunnelstreifen an den Schmalseiten 1 cm nach links bügeln, dann längs rechts auf rechts legen und den Bruch bügeln. Die offenen Kanten des Tunnelstreifens über die untere Steppnaht am Rollo auf der linken Stoffseite legen und feststeppen. Das Ringband halbieren und auf der linken Rolloseite über den seitlichen Steppnähten feststeppen, dabei darauf achten, dass der erste Ring direkt oberhalb des Tunnelstreifens liegt. Die Rolloschnur halbieren und durch die Ringe ziehen, am untersten Ring verknoten.

**3. Rollo befestigen**

Das Vierkantholz über dem Fenster an die Wand dübeln. Die zweite Hälfte des Klettbands auf die Vorderseite bündig mit der oberen Holzkante aufkleben. An beiden Unterseiten des Vierkantholzes je eine Ringschraube eindrehen. Das Rollo auf das Vierkantholz kletten, die Zugschnüre durch die Ringschrauben fädeln und auf einer Seite zusammenfassen. In Hüfthöhe an der Wand einen Haken für die Fixierung der Rolloschnur in die Wand dübeln.

## ▶ STREIFEN-ROLLO von Seite 109

MATERIAL: *90 cm breite Baumwollstoffe in verschiedenen Farben (Länge siehe Anleitung). Pro Doppelbahn 2 Ringbänder in Vorhanglänge und Zugschnur in vierfacher Vorhanglänge, Rundhölzer mit 2 cm Durchmesser in Vorhangbreite, 3 x 3 cm Vierkantholz in Länge der Schräge, Klettband in Länge des Vierkantholzes, 2 Ringschrauben pro Doppelbahn, Dübel und Schrauben, Schraubhaken, Nähfaden.*
WERKZEUG: *Maßband, Schere, Lineal, Schnittpapier, Bleistift, Nähmaschine, Bohrer und Bohrmaschine.*

**1. Rollo aufzeichnen**

Das Fenster ausmessen und in Originalgröße wie in der Schemazeichnung gezeigt auf Schnittpapier aufzeichnen. Die Fensterbreite in mehrere gleich breite Bahnen unterteilen, wobei die einzelnen Bahnen nicht breiter als 35 cm werden sollten. Das Ende jeder Bahn so abschrägen, dass die Kante die Breite der Bahn hat.

**2. Teile zuschneiden**

Den Tunnel für die Rundhölzer aus jeder einzelnen Farbe zuschneiden, und zwar 3 cm breit und in der Breite der Bahn mit 1 cm Nahtzugabe. Die Bahnen aus dem Schnittpapier ausschneiden, auf die entsprechenden Stoffe auflegen und mit 2 cm Nahtzugabe an allen Kanten zuschneiden. Auf jeder Bahn die Lage des Tunnels 8 cm über dem Ansatz der Dreiecke markieren.

**3. Rollo nähen**

An je zwei nebeneinander liegenden Bahnen die Mittelnaht 2 cm breit steppen. Nahtzugabe auseinander bügeln, beidseitig 1 cm einschlagen, bügeln und schmalkantig feststeppen. Die seitlichen und die unteren Kanten zweimal je 1 cm nach links bügeln und schmal feststeppen. Die obere Kante 2 cm breit nach links bügeln, die weiche Hälfte des Klettbandes passend zurechtschneiden und über der Nahtzugabe feststeppen. Die Nahtzugaben der Tunnelstreifen auf die linke Seite bügeln und die Mittelnähte steppen. Tunnel auf die

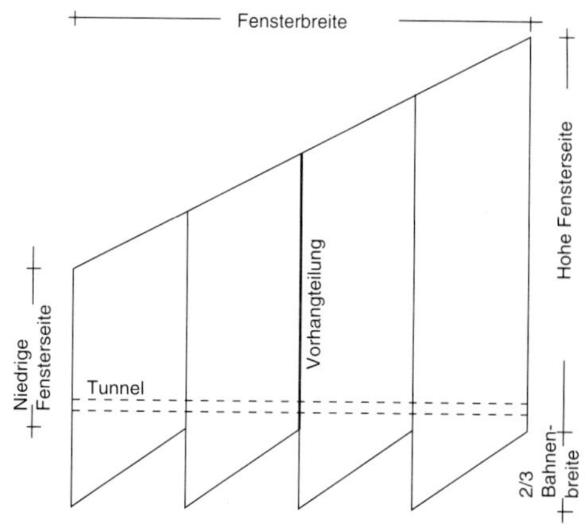


**Mit dieser Schemazeichnung lässt sich für jedes Giebelfenster die Rollogröße berechnen.**

Doppelbahnen schmalkantig aufsteppen. Die Rundhölzer in die Tunnel schieben. Ringband entlang der Seitenkante so auf der Vorhangrückseite feststeppen, dass der unterste Ring direkt über dem Tunnel liegt. Zugschnur in dreifacher Rollolänge in die Ringe fädeln und am untersten Ring verknoten.

**4. Rollo befestigen**

Das Streifen-Rollo wird genauso befestigt wie das Transparent-Rollo (siehe oben). Zusätzlich für jede Doppelbahn über den Ringbändern einen Schraubhaken in das Vierkantholz drehen.

# Licht-Effekte

Nichts ist für gemütliche Raumstimmung so wichtig wie gutes Licht an der richtigen Stelle. Wenn es von originellen Lampen kommt, umso besser!

**HERZ-LAMPE** (linke Seite). Sie ist Lichtquelle und Wandschmuck zugleich. Unter dem Schirm aus gemasertem Japanpapier steckt ein stabiler Unterbau aus Draht. *Anleitung Seite 122.*

**DIA-SCHIRM.** Ein Druck auf den Schalter und schöne Erinnerungen werden wach: an den Urlaub, an liebe Menschen. Dia reiht sich an Dia und wird von innen erleuchtet. *Anleitung Seite 122.*

## EIN HERZ FÜR WÄNDE

# KLASSIKER MIT EXTRAS

**EFEUSCHMUCK.** Aufgeputzt mit einer Efeuranke aus Kunststoff und einem Büschel echtem Bärgras am Fuß kann sich die brave Tischlampe wieder sehen lassen.

**KNOPFPUTZ.** Edle Knöpfe aus Schildplatt und Horn, vom Trödler oder aus dem eigenen Nähkästchen, machen einen schlichten weißen Lampenschirm interessant. Einfach aufkleben.

**MIT ROSEN.**
Der gefältelte Schirm aus Tapete oder Geschenkpapier mit Rosendruck ist einem hellen, einfarbigen Faltschirm übergestülpt.
*Anleitung Seite 123.*

**NEU BESPANNT.**
Zeugt von Stil: wenn der Lampenschirm passend zu Vorhang, Kissen oder Bezügen bespannt ist.
*Anleitung Seite 123.*

# EIN SCHIRM FÜR JEDE STIMMUNG

**SCHÖN BUNT.** Die vier Schirme sind aus Plakatkarton gemacht, mal gelocht, mal gesäumt, mal mit Kreuzstich geschmückt – jeder ein Unikat, das man so nicht ' kaufen kann. *Anleitung Seite 124.*

**HERZIG.** Hier kommt das Licht buchstäblich von Herzen. Beide dienen als Lampenschirm und sind aus Acrylglas gesägt. *Anleitung Seite 124.*

# SCHÖNES SCHUMMERLICHT

**STANDLEUCHTER.** Fast feierlich wirken diese Kerzenhalter aus Kupferrohren. Schwere Pflastersteine geben ihnen Halt. *Anleitung Seite 125.*

**LAUBSCHMUCK.** Je nach Jahreszeit lässt sich der schlichte Kronleuchter dekorieren – mal mit Weinlaub, mal mit Misteln; im Sommer mit künstlichen Rosengirlanden, im Frühling mit blühenden Zweigen. Das Gestell findet man mit etwas Glück im Möbel- oder Supermarkt.

**HIMMLISCH** (rechte Seite). Ein Engelchen aus Stuck als dekorative Wandkonsole. Es trägt jede Menge Kerzen, dicke, dünne, kurze, lange. Und das nicht nur zur Weihnachtszeit.

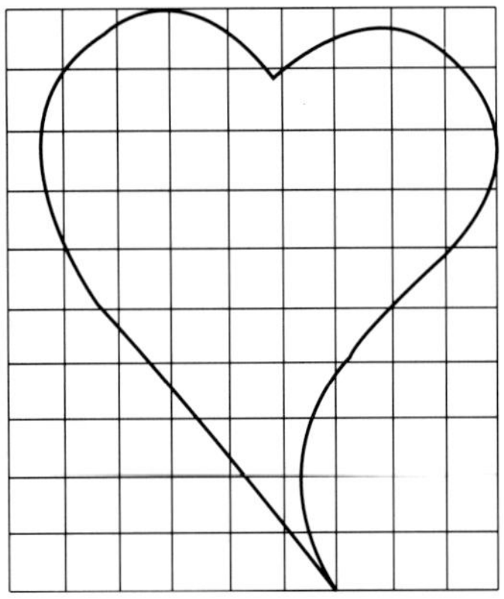

**Vorlage für den Herzrahmen aus Draht. Auf dem Kopierer vergrößern.**

## ▶ HERZ-LAMPE

**von Seite 114**

MATERIAL: *Lampenhalterung für die Wand (Baumarkt, Bastelladen oder Lampengeschäft), weißes Drachenpapier, türkisfarbenes und apfelgrünes Japanpapier, 1,5 und 0,5 mm dicker verzinkter Draht, Hasendraht, Tapetenkleister, Weißleim, Papier.*
WERKZEUG: *Zange, Blechschneider, Schere, Pinsel, Bleistift.*

**1. Herzform aufzeichnen**

Ein 45 x 50 cm großes Rechteck auf Papier aufzeichnen. Mit dem Lineal in ein 5 x 5 cm großes Raster unterteilen. Das Flammenherz mit Bleistift aufzeichnen, am besten zuerst einzelne Punkte markieren und dann die Punkte mit schön geschwungenen Linien verbinden.

**2. Herz formen**

Die Herzform aus dem dicken Draht in der aufgezeichneten Form biegen und an der unteren Spitze zum Verbinden mehrmals mit dünnem Draht umwickeln. Dabei darauf achten, dass der Draht flach auf dem Papier aufliegt und sich nicht verdreht. Aus Hasendraht mit der Blechschere ein Herz schneiden, das ringsum 5 cm größer ist. Die 5 cm Zugabe rundum in gerundeter Form nach hinten biegen. 1 Esslöffel (EL) Tapetenkleister und 2 EL Leim in 0,5 l Wasser einrühren. Drachenpapier in grobe Stücke reißen, und mit dem Kleister einstreichen. Zwei Lagen Drachenpapier auf das Hasendrahtherz kleben, als dritte Lage je eine Herzhälfte mit grünem und türkisfarbenem Drachenpapier bekleben. Nach dem Trocknen das Papierherz vom Hasendraht abnehmen und das Drahtherz von hinten einlegen. Mit Weißleim festkleben. Das überstehende Papier auf 1 cm zurückschneiden und das Herz mit Draht an der Lampenhalterung befestigen.

## ▶ DIA-SCHIRM

**von Seite 115**

MATERIAL: *Tischlampe mit konischem oder zylindrischem Schirmgestell aus Draht, Dias in selbstklebenden Rahmen (falls nicht genügend Dias vorhanden sind, Fotos auf Klarsichtfolie im Fotoshop kopieren lassen und in Rahmen kleben), pro Dia 3 Einhängeringe mit 8 mm Durchmesser, Diffusionsfolie in Schirmhöhe (Grafikerbedarf, evtl. auch starke Transparentfolie), Klebefilm, Silberlackfarbe.*
WERKZEUG: *Locher, Spreiz-, Beiß- und Flachzange.*

**1. Schirmgestell vorbereiten**

Den Lampenschirm abnehmen und die Bespannung entfernen. Am konischen Schirmgestell die zum unteren Ring verlaufenden Streben unterhalb des oberen Ringes abklemmen. Lampen- und Schirmgestell silberfarben streichen. Den oberen Schirmring wieder am Lampengestell einklemmen.

**2. Diarähmchen vorbereiten**

Die Diarähmchen an den Seiten mit dem Locher mittig lochen, dabei darauf achten, dass in der untersten Reihe der Rahmen keine Löcher nötig sind.

**3. Dias verbinden**

Die Schirmhöhe festlegen. Die für die Höhe benötigte Anzahl an Dias mit den Ringen übereinander zusammenhängen, dann die Reihen nebeneinander verbinden und zum Schluss das Ganze zum Ring schließen.

**4. Diffusionsschirm anfertigen**

Aus der Diffusionsfolie einen Lampenschirm schneiden, Höhe und Durchmesser entsprechen dem Diaschirm. Die senkrechten Kanten stumpf aneinander legen und mit dem Klebefilm verbinden. Den Diffusionsschirm in den Diaschirm stecken und an den gleichen Stellen wie die Diarähmchen lochen. Die Einhängeringe in die Löcher der Diarähmchen und des Diffusionsschirms einhängen und mit dem Schirmgestell verbinden.

## ▶ MIT ROSEN

**von Seite 117**

MATERIAL: *Tischlampe mit Schirm, Tapetenrest, Seidenkordel, Papierkleber, Kartonrest.*

WERKZEUG: *Maßband, Lineal, Bleistift, Locher.*

**1. Tapetenmenge ausmessen**

Den unteren Umfang des Schirms messen. Je nachdem, wie dicht die Falten werden sollen, dieses Maß mit 3 oder 4 multiplizieren. Die seitliche Höhe des Schirms messen und 6 cm dazurechnen. Auf den Tapetenrest einen Streifen mit diesen Maßen aufzeichnen und ausschneiden.

**2. Schirm falten**

Die Faltentiefe festlegen, bei diesem Schirm sind es 4 cm, bei kleineren sollte die Faltentiefe geringer sein. Den Tapetenstreifen in der festgelegten Faltentiefe wie eine Ziehharmonika falten. Am besten geht das mit einem Kartonstreifen in der Faltentiefe, über dem das Papier geknickt wird. Den gefalteten Schirm zur Probe über den Lampenschirm legen, überflüssige Falten einfach wegschneiden.

**3. Lampenschirm beziehen**

Mit dem Locher mit 1,5 cm Abstand zum oberen und unteren Rand Löcher in die Falten stanzen. Die Schmalseiten des Faltschirms übereinander kleben, sodass sich die Faltung rundum fortsetzt. Die Kordel oben und unten durch die Löcher ziehen. Faltschirm über den Lampenschirm legen und die Kordeln anziehen. Die Enden zu Schleifen binden.

## ▶ NEU BESPANNT

**von Seite 117**

MATERIAL: *Lampenschirmgestell und Lampenschirmfolie aus dem Bastelladen (Abb. 1), Stoff zum Beziehen, Schnittpapier, 1 cm breites doppelseitiges Klebeband.*

WERKZEUG: *Bleistift, Schere.*

**1. Lampenschirmfolie zuschneiden**

Das Lampenschirmgestell auf dem Schnittpapier abrollen und dabei die Kontur mit Bleistift aufzeichnen. Dafür zuerst die Höhe einer Querstrebe auf dem Papier als Gerade aufzeichnen, von dieser Gerade an eine Querstrebe des Gestells anlegen und die untere Rundung aufzeichnen, anschließend das Gestell noch mal anlegen und beim Abrollen die obere Rundung aufzeichnen. Papier ausschneiden und probeweise über das Gestell legen. Passt der Zuschnitt, aus Lampenschirmfolie zuschneiden (Abb. 2).

**2. Lampenschirm beziehen**

Die Schutzschicht der Folie abziehen und auf Stoff aufkleben, dabei darauf achten, dass keine Blasen oder Falten entstehen (Abb. 3). Auf alle Kanten der Lampenschirmfolie doppelseitiges Klebeband aufkleben (Abb. 4). Den Stoff ausschneiden, dabei an allen Kanten 1 cm Zugabe stehen lassen (Abb. 5). Die Stoffzugaben an den Rundungen senkrecht bis zur Lampenschirmfolie einschneiden. Die Schutzfolie des Klebebands abziehen (Abb. 6). Den unteren Drahtring des Gestells auf die untere Kante der Lampenschirmfolie legen und die Stoffzugaben zur Innenseite knicken, dabei auf dem Klebestreifen andrücken (Abb. 7). Am oberen Drahtring genauso verfahren, zum Schluss den Stoff an den Seiten zusammenkleben (Abb. 8). Lampenschirm auf das Lampengestell setzen.

**So wird ein Lampenschirmgestell step by step neu bezogen. Näheres im Text.**

## ▶ SCHÖN BUNT

**von Seite 118/119**

MATERIAL: *Kugelförmiger Lampenschirm mit Fassung und Glühlampe, je Schirm 1 Bogen Plakatkarton in der entsprechenden Farbe, Lampenschirm-Montagering mit 29 cm Durchmesser (Bastelladen), Klebstoff, Büroklammern.*

WERKZEUG: *Stanzeisen, Hammer, Maßband, Bleistift, Schere.*

**Schirm aufzeichnen**

Die Schemazeichnung auf die Rückseite des Plakatkartons übertragen. Am besten lässt sich der Radius von 33 cm mit einem großen Lineal oder einem Maßband aufzeichnen. Mit dem aufgestellten Maßband den Außenkreis von 120 cm plus 3 cm Untertritt abmessen. Anfangs- und Endpunkte und den Untertritt markieren, alle Punkte immer mit dem Kreismittelpunkt verbinden.

**Diese Schemazeichnung gilt für alle vier Papier-Lampenschirme.**

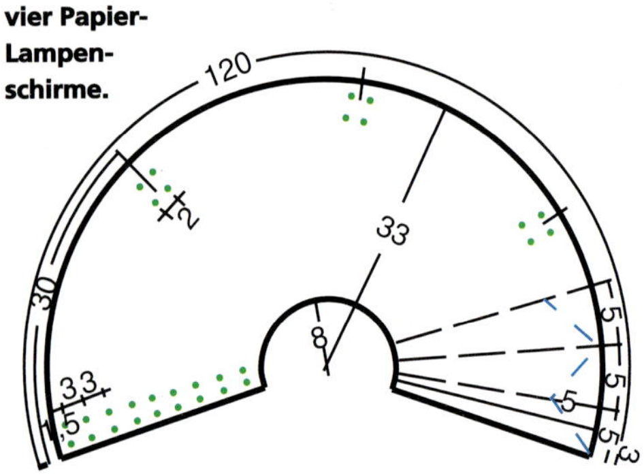


**Roter Lampenschirm:**

Zusätzlich werden ein Strang gelber Naturbast und eine dicke Stopfnadel benötigt. Den aufgezeichneten Schirm ausschneiden. Mit je 2 cm Abstand zum oberen und unteren Rand und 1 cm zueinander mit dem Stanzeisen eine Lochreihe einstanzen.

An der Längskante für die Naht Löcher mit 0,5 cm Abstand zum Rand und 2 cm zueinander einstanzen. Untertritt unter die Kante schieben und mit Büroklammern fixieren. Die Löcher durchzeichnen, die Klammern lösen und ebenfalls stanzen.

Bast dreifach einfädeln und die Naht mit Heftstichen schließen; auf der Innenseite Anfang und Ende verknoten. Die obere und untere Kante im Wickelstich umstechen. Den Montagering in den Schirm kleben.

**Grüner Lampenschirm:**

Zusätzlich wird 1 cm breites Satinband in gelb, grün, blau und rot in jeweils 90 cm Länge benötigt. Vor dem Ausschneiden des Schirms die Punkte für die Schnürungen einzeichnen und stanzen (grüne Markierung in der Schemazeichnung links). Den Untertritt darunter schieben und mit Heftklammern fixieren, Löcher durchzeichnen, Klammern lösen und stanzen. Die Satinbänder über Kreuz von oben nach unten einschnüren und zur Schleife binden. Montagering in den Schirm kleben.

**Blauer Lampenschirm:**

Den Zackenrand (blaue Markierung in der Schemazeichnung) aufzeichnen und den Lampenschirm ausschneiden. Die Zacken in Dreiecksform mit dem Stanzeisen mit Löchern im Abstand von 1 cm zueinander ausfüllen. An der oberen Kante eine Doppelreihe Löcher einstanzen. Untertritt unter die Kante schieben und festkleben. Bis der Kleber trocken ist, mit Büroklammern fixieren. Montagering in den Schirm kleben.

**Gelber Lampenschirm:**

Die Stanzschablone auf einen Rest Karton übertragen und die Löcher einstanzen. Vor dem Ausschneiden des Schirms auf der unteren Kante ab dem Untertritt Markierungen mit 5 cm Abstand aufzeichnen. Diese Punkte mit dem Kreismittelpunkt durch Linien verbinden. Schirm ausschneiden. Auf die Linien abwechselnd die Schablone als Stern- und Bandmuster (Stern immer wieder aneinander setzen) mittig auflegen. Punkte durchzeichnen und ausstanzen. Schirm am Untertritt zusammenkleben. Montagering in den Schirm kleben.

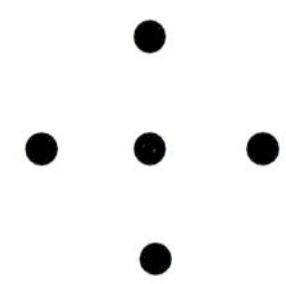

**Stanzschablone für den gelben Lampenschirm.**

## ▶ HERZIG

**von Seite 119**

MATERIAL: *3 mm dickes, rotes Acrylglas (Branchenbuch: Acrylglas), ca. 60 x 60 cm groß, 4 Acrylstäbe mit 10 mm Durchmesser, 15 cm lang, 1 Alurohr mit 10 mm Durchmesser, 32,5 cm lang, 1 Gewindestange, 36 cm lang, 3 flache Schraubmuttern und 2 Unterlegscheiben für die Gewindestange, Lampenfassung mit 2 Schraubtellern, Kabel und Stecker, Zeichenpapier.*

WERKZEUG: *Bleistift, Lineal, Schere, Schraubendreher, Sekundenkleber, Stichsäge mit Metallsägeblatt, Metallbohrer.*

**Vorlage für den Schirm der Stehlampe in Herzform.**

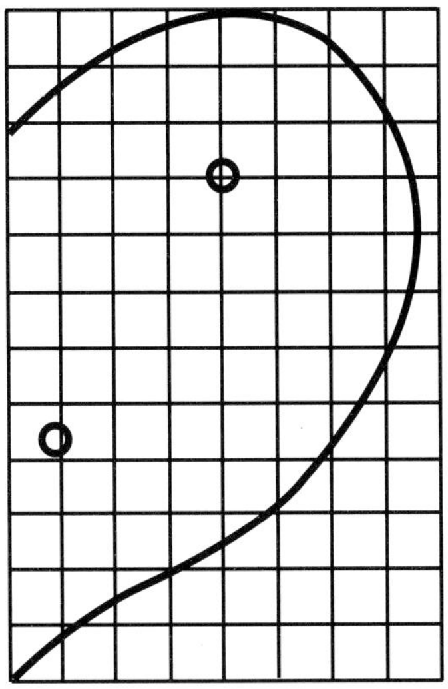

**1. Herzform aufzeichnen**

Auf Papier ein 40 x 30 cm breites Rechteck aufzeichnen und ausschneiden. Rechteck längs zur Hälfte falten. Für die Platzierung der Acrylstäbe mit 10 cm Abstand zur unteren Kante und 2 cm zum Bruch einen Punkt aufzeichnen, einen zweiten mit 22,5 cm zur Unterkante und 10 cm zum Bruch markieren. Diese Punkte auf die zweite Hälfte übertragen. Vom Papierbruch eine Herzhälfte aufzeichnen und ausschneiden. Herz aufklappen.

**2. Acrylglas sägen**

Die Herzform zweimal auf Acrylglas aufzeichnen und aussägen. Für den Sockel je zwei Streifen 2 x 17,4 cm und 2 x 18 cm und ein Quadrat mit 18 cm Seitenlänge sägen, für die Fassung eine Halterung mit 6 x 8 cm sägen, in die Mitte ein Loch mit der Stichsäge in Größe der Lampenfassung sägen. Für das Kabel in einen Sockelstreifen und in die Mitte des Quadrats ein Loch bohren.

**3. Lampenschirm und Sockel bauen**

Die Punkte für die Acrylstäbe auf die Herzen übertragen. Vier Stäbe mit Sekundenkleber senkrecht aufkleben, nach dem Trocknen das zweite Herz deckungsgleich auf die anderen Stabenden kleben. Die Acrylstreifen mit dem Quadrat zum unten offenen Sockel zusammenkleben.

**4. Gestell bauen**

Kabelende und Gewindestange in das Alurohr schieben. Die Gewindestange an beiden Enden gleichmäßig überstehen lassen, auf den Enden eine Schraubmutter bis zum Alurohr aufdrehen. Das obere Kabelende in die Fassung schrauben und die Gewindestange in die Fassung drehen. Das andere Kabelende durch das mittige und seitliche Bohrloch stecken. Die Gewindestange durch das mittige Bohrloch stecken, von unten eine Unterlegscheibe und Mutter auf die Stange schrauben. Das Kabelende in den Stecker schrauben.

**5. Lampenschirm fixieren**

An der Lampenfassung den oberen Schraubteller abnehmen und die Acrylhalterung mit dem Loch auf den unteren Schraubteller legen. Den Lampenschirm so auf die Halterung setzen, dass die beiden unteren Acrylstäbe in Längsrichtung auf der Halterung liegen. Den zweiten Schraubteller wieder auf die Fassung drehen, um den Lampenschirm zu fixieren. Die Stäbe mit Sekundenkleber auf der Halterung fixieren. (Die elektrischen Anschlüsse sollten immer von einem Fachmann ausgeführt werden.)

## ▶ STANDLEUCHTER

**von Seite 120**

MATERIAL: *Kupferrohre mit 18 mm Durchmesser in gewünschter Länge, als Abschluss Kupferrohr-Verbindungsstücke 18 x 22 mm, T-Verbindungsstück für 18-mm-Rohre (zweiarmiger Leuchter), Zaunspitze (Dekoobjekt), Pflastersteine aus Sandstein (alles im Baumarkt), Montagekleber, Quasten und Kordel.*
WERKZEUG: *Steinbohrer (18 mm Durchmesser), Bohrmaschine, Feile.*

**1. Fuß bohren**

Den Sandsteinblock solange drehen, bis er die beste Auflagefläche hat und nicht wackelt. In der Mitte ca. 10 cm tief mit dem Steinbohrer vorbohren. (falls der Stein dann trotzdem noch wackelt, auf die Unterseite einen Gipsklecks zum Ausgleichen streichen).

**2. Kupferrohre einstecken**

Das Rohr in die Bohrung stecken und bei dem einarmigen Leuchter das Abschlussstück aufsetzen, zusätzlich mit Kleber fixieren. Beim zweiarmigen Leuchter das T-Stück und die Abschlüsse aufkleben, die Zaunspitze für das Zierobjekt evtl. anfeilen und ankleben. Mit Kordeln und Quasten dekorieren.

# WOHNIDEEN IN FARBWELTEN

Das neue Farbsystem von DULUX ordnet Farbtöne in Vier Farbwelten: Still, Frisch, Weich und Kräftig. Das erleichtert die Auswahl, denn jede Farbwelt hat ihren eigenen unverwechselbaren Charakter. Alle vorgestellten Farbtöne passen perfekt zusammen. Sie bilden Kontraste oder feine Abstufungen. Bestimmte Hölzer und Stoffe harmonieren mit der jeweiligen Farbwelt. Im Zusammenspiel von Farben, Lacken, Mustern und Materialien entsteht die besondere Ausstrahlung des Raumes.

**DIE STILLE FARBWELT**
Friedlich, hell und elegant

**DIE FRISCHE FARBWELT**
Heiter, leicht und klar

**DIE WEICHE FARBWELT**
Sanft, harmonisch und dezent

**DIE KRÄFTIGE FARBWELT**
Vital, strahlend und intensiv

## KREATIV DEKORIEREN

DULUX hat traditionelle Techniken neu entdeckt: Wischen, Strukturieren, Schablonieren und Maserieren. Spezielle Produkte und Werkzeuge öffnen Freiräume für kreative Ideen.

## TESTER

**Praktische Farbtester in der kleinen Pinselflasche unterstützen die Farbauswahl bei DULUX Creative: Einfach den gewünschten Farbton ausprobieren.**

# DER RICHTIGE SCHLIFF

Sie möchten alte Möbel abschleifen und neu streichen? Ein Metallgitter glätten oder ein lasiertes Möbel so zart anschleifen, dass es „antik" wirkt? Kein Problem. BOSCH, als Spezialist für Schleifgeräte, hat garantiert das Passende.

## FARBZINATIONEN

Die hochwertige Broschüre mit Echtfarbaufdrucken sowie die informativen DULUX-Ratgeber zu verschiedenen Themen können Sie bestellen bei

**DULUX FACHBERATUNG**

**Tel. 0180-5240042**

**Fax 0180-5240022**

Unter diesen Nummern werden auch Fragen zur Farbauswahl und zur Technik vom DULUX Beratungsteam persönlich beantwortet.

► Sie suchen ein besonders leichtes Gerät (1 kg)? Für perfekten Schliff auf kleinen Flächen? Ein Gerät, mit dem Sie problemlos auch in schwer zugängliche Winkel und Ecken kommen und zum Beispiel auch Lamellen schleifen und polieren können? Dann ist der **DELTASCHLEIFER** von **BOSCH** richtig.

► Sie wollen auf großen Flächen (z.B. Türen) den Untergrund stark abtragen, dabei aber perfekten Feinschliff haben bis hin zur Politur? Hier bietet sich der **BOSCH-EXZENTER-SCHLEIFER** an.

► Ein Gerät fürs Grobe und für große Flächen ist der **BOSCH-BAND-SCHLEIFER.** Er entfernt mühelos auch extrem dicke Oberflächenschichten von Holz, Kunststoff und Metall, glättet und versäubert.

► Wenn Fenster- und Türrahmen oder kleine, schwer zugängliche Flächen (z.B. ein Metallgitter) von dicken Schichten befreit werden sollen, eignet sich am besten der **VARIO-SCHLEIFER,** (Foto unten) – ein Gerät, das es in dieser Form nur von **BOSCH** gibt.

# DER RICHTIGE HALT

Klein, aber oho: die Power Strips® von tesa/Beiersdorf. Unentbehrlich beim Dekorieren der Wohnung und beim Ordnung halten (Bild unten). Damit das Hobby-Malern leichter von der Hand geht, gibt's von tesa auch so allerlei – siehe unten.

**An Power-Strips® System-Haken** lässt sich Bastelzubehör aufhängen (1) oder auch Werkzeug und Gartengerät (2). Sie halten auf glatten Untergründen bis zu 1 kg Gewicht.

**Zum Fixieren** von Mobiles und anderen leichten Objekten an der Zimmerdecke gibt es die Power-Strips Zimmerdecken-Haken (3).

**tesa Power Strips®** halten an glatten Wänden Gegenstände bis zu 1 kg Gewicht, im Hobbykeller zum Beispiel einen Pinselhalter (4). Man kann aber auch wackelige Bastelarbeiten damit am Tisch fixieren (5). tesa Power Strips lassen sich problemlos wieder ablösen, ohne dass Klebereste zurückbleiben oder der Untergrund beschädigt wird.

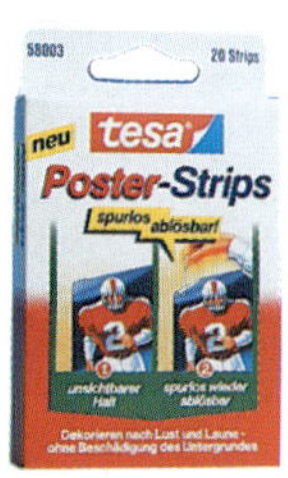


**tesa Poster-Strips®** sind ideal zum Befestigen von Kalenderblättern, Fotos, Gebrauchsanweisungen oder Bauplänen (6) – auch auf empfindlichen Untergründen wie z.B. Raufasertapete. Ideal vor allem zum sicheren Befestigen und spurlosen Wiederablösen von Postern – daher der Name.

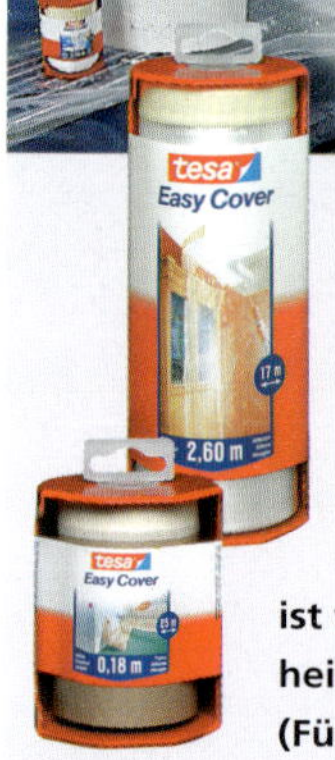


**► Die im Info-Kasten auf Seite 92 beschriebene Malerfolie mit integriertem Maler-Krepp ist von tesa und heißt EasyCover®. (Für kleinere Flächen gibt es dasselbe aus Papier.)**

**► Auch der im Info-Kasten auf Seite 83 beschriebene Maler-Krepp für Fenster, der Maler-Krepp für Rundungen und das Maler-Band für Lacke sind Spezialprodukte.**

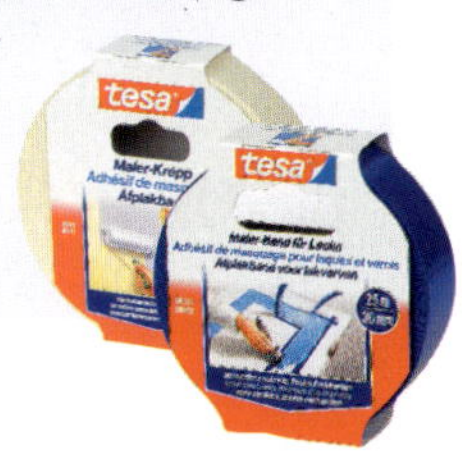